Ulrich Lüke

Schaut auf den Herrn

# HERDER

## GEMEINDEPRAXIS

Ulrich Lüke

# Schaut auf den Herrn

## Gottesdienste in der Fasten- und Osterzeit

Mit CD-ROM

HERDER
FREIBURG · BASEL · WIEN

© Verlag Herder GmbH, Freiburg im Breisgau 2016
Alle Rechte vorbehalten
www.herder.de

Umschlagkonzeption: excogito, Freiburg im Breisgau
Umschlagmotiv: © Pietro Perugino (Pietro di Cristoforo Vanucci): Auferstehung Christi,
Öl auf Holz, um 1495, Rouen, Musée des Beaux-Arts, Frankreich, Photos.com

Satz und CD-ROM-Gestaltung: SatzWeise GmbH, Trier
Herstellung: Těšínská Tiskárna a.s., Český Těšín

Printed in Czech Republic

ISBN 978-3-451-33761-1

# Inhalt

# Vorwort

Die gottesdienstliche Verkündigung des Glaubens ist seit eh und je eine anspruchsvolle Aufgabe – und das Anspruchsniveau scheint nicht zu sinken. Die Verkündigung muss zwischen der Skylla einer nur animierenden Eventlastigkeit und der Charybdis eines mumifizierten Ritualismus hindurch. Sie muss die hier und jetzt menschlich ansprechende und geistlich inspirierende Sprache finden. Sie muss es um Gottes und des Menschen willen. Und genau dazu möchte dieses Bändchen anregen.

Die hier versammelten Gottesdienstvorschläge sind in der allsonntäglichen Praxis der Gemeinden im Dekanat Aachen-Kornelimünster erprobt. Es gibt Gottesdiensteinführungen, Texte zur Meditation, Fürbitten und Predigten zu fast allen Sonntagen der Fasten- und Osterzeit, wenngleich – dem Buchumfang geschuldet – auch nicht komplett zu allen drei Lesejahren, auch nicht zu allen Fasten- bzw. Ostersonntagen, sondern in Auswahl. Die Liedvorschläge stammen fast alle aus dem Gotteslob (GL), nur wenige aus dem Liederbuch »Troubadour für Gott« (Tr) und ganz selten aus dem alten Gotteslob (AGL). Die Auswahl nur einer Lesung soll nicht die Leseordnung einschränken, sondern nur ein besonderes Augenmerk auf diesen Text legen. Ich danke Frau Dr. Esther Schulz vom Verlag Herder, die dieses Buch angeregt und wesentlich zu seiner Entstehung beigetragen hat.

Wenn die Verkündiger des Wortes auch Hörer des Wortes bleiben, dann können sie einander zum Hören und zum Verkündigen inspirieren und dann – hoffentlich – inspiriert(er) wie inspirierend(er) verkündigen. Dazu Gottes Geist und Segen! Was sonst?

*Ulrich Lüke*

# Gottesdienste für die Fasten- und Osterzeit

# Aschermittwoch

## ▓ Eingangslied

O Herr, nimm unsre Schuld *(GL 273, 1–4)*
Herr Jesu Christ, dich zu uns wend *(GL 147, 1–2)*

## ▓ Einführung

Jemandem Asche aufs stolze Haupt streuen, jemandem sozusagen mit Asche vor den klugen Kopf stoßen, jemandem mit Asche, dem Zeichen des Todes, ein Kreuz auf die Stirn zeichnen, das ist ein drastisches Zeichen in Zeiten des Jugendwahns und des Wellness-Kultes.
Wir sind – so großartig wir uns auch fühlen mögen – endlich. Wir wirken in engen Grenzen, wir sind begrenzt – körperlich wie geistig. Über kurz oder lang sind wir nicht mehr. Wenn man den Gedanken nicht nur so akademisch-theoretisch mal hört, sondern wenn er einem auf die Pelle rückt, wenn er sich ins Mark meines Selbstbewusstseins einbrennt, dann ist das ein Schock. Nun gut, lassen wir uns schockieren; denn es gibt auch Schocks, die durchrütteln, die aufrütteln, heilsame Schocks, die uns aus der existenziellen Lethargie herausreißen, die zum Heil dienen, zum Heil führen.

*Oder:*
Wir sind, so großartig wir uns auch fühlen mögen, endlich, wir wirken in engen Grenzen, wir sind begrenzt – körperlich wie geistig. Über kurz oder lang sind wir nicht mehr.
Den Tod verdrängen wir – so gut es geht, sowohl den eigenen als auch den naher Angehöriger. Er ängstigt uns, er stellt letztlich alles in Frage. Nur im Vertrauen auf Gott können wir uns der Situation stellen.
Die heilige Theresa von Avila betet: Nichts soll dich ängstigen, nicht dich erschrecken. Alles geht vorüber. Gott allein bleibt derselbe. Alles erreicht der Geduldige, und wer Gott hat, der hat alles. Gott allein genügt. Um dieses Vertrauen in Gottes Gegenwart bitten auch wir durch Christus, unsern Bruder und Herrn. Amen.

## ▓ Kyrie

Kyrie eleison *(GL 117)*
Meine engen Grenzen *(GL 437, 1–4)*

## ▓ Lesung *(Joel 2, 12–18)*

## ▓ Zwischengesang

Bekehre uns, vergib die Sünden *(GL 266, 1, 3 u. 6, Vorsänger)*
Aus der Tiefe rufe ich zu dir *(GL 283, 4)*

## ▓ Evangelium *(Mt 6, 1–6.16–18)*

## ▓ Predigt *(siehe unten)*

## ▓ Segnung der Asche *(Weihwasser, Weihrauch)*

Herr, wir alle sind Sünder. Niemand kann sich vor dir auf eigene Verdienste berufen, die du zu honorieren hättest. Wir alle bedürfen deines Erbarmens, deiner Güte und Menschlichkeit. Aber du ermutigst uns auch zu Umkehr und Neubeginn. So bitten wir dich:
Segne die Asche, mit der wir uns bekreuzigen lassen. Die Asche mahnt uns zur Ernsthaftigkeit angesichts unseres Endes. Und das Kreuz ermutigt uns zum Neubeginn; denn du hast es zum Heilszeichen gemacht, als du an ihm Leiden, Sterben und Tod überwandest.
Lass uns mit Ernsthaftigkeit angesichts unseres Endes und mit Zuversicht angesichts deiner Nähe unsern Lebensweg gehen. Darum bitten wir …

## ▓ Austeilen des Aschekreuzes

*Währenddessen besinnliches Orgelspiel*

## ▓ Fürbitten und Gabenbereitung

Hilf, Herr meines Lebens *(GL 440, 1–5)*

## ▓ Sanctus

Alles, was dich preisen kann *(GL 380, 2 u.5)*
Sanctus, sanctus *(GL 118)*

## ▓ Nach der Wandlung

Wir preisen deinen Tod *(GL-Eigenteil; Tr 96, Kanon zu 2 Stimmen)*

## ▓ Agnus Dei

Wer leben will wie Gott *(GL 183, 1, 4 u. 5)*
Agnus Dei *(GL 119)*

## ▓ Meditation

### Gott, du gibst das Lebens Brot

Gott, du gibst das Lebens Brot
Nahrung in des Leibes Not.
Gott du gibst im Wein der Zeit
Hoffnung uns und Fröhlichkeit.

Gott du bist das Lebensbrot,
so bist du des Todes Tod.
Gott du bist im Wein der Zeit
Vorgeschmack der Ewigkeit.

Gott du sprichst das Lebenswort
zu uns heute, hier am Ort.
Und im Brot und Wort und Wein
lädst du uns zur Vollendung ein.

*Ulrich Lüke*

*Oder:*

Herr, du schenkst uns Zuversicht,
und du lässt uns neu beginnen.
Wo's an Menschlichkeit gebricht,
willst du uns für sie gewinnen.

Herr, du stärkst in uns das Leben,
und du schenkst uns Brot und Wein.
Wenn wir auch beides weitergeben,
wirst du grad dadurch bei uns sein.

Herr, wir danken für die Gaben;
denn in ihnen gibst du dich.
Wer an ihnen Teil will haben,
findet andre, dich und sich.

## Schlusslied/Entlassungsruf

Im Frieden dein, o Herre mein *(GL 216, 1 u. 3)*
Ite missa est *(GL 120)*

## ❖ Zwei Predigten zum Aschermittwoch

## Was vom Menschen bleibt

In Mausoleen stoßen wir manchmal auf einbalsamierte und zur Schau gestellte Menschen vergangener Jahrzehnte oder Jahrhunderte: Lenin an der Kremelmauer, Papst Johannes XXIII. im Petersdom. Und dann lassen wir Lebenden uns von den Toten schaudernd oder ehrfürchtig anrühren, von der Zeit, in der sie lebten oder dem Werk, das mit ihrem Namen verbunden ist.

Am Beginn meines Theologiestudiums, bei meiner ersten Romreise habe ich zum ersten Mal die vier Jahrtausende alten ägyptischen Mumien im Vatikanischen Museum gesehen. Sie waren teils in einem so guten Erhaltungszustand, dass man meinen konnte, in dieser Glasvitrine habe sich nur kurzfristig jemand zum Mittagsschlaf hingelegt oder er sei gerade erst gestorben. Erst beim genaueren Hinschauen merkte man, womit man es zu tun hatte: Menschen aus einer ganz und gar anderen Welt, Kultur und Religion, deren Namen vergessen und deren Lebens- und Blütezeit schon weit vor dem Beginn unserer abendländischen Geschichte abgelaufen war.

Später im Biologiestudium lernte ich dann Knochen- und Schädelfragmente von Menschen kennen, die bereits zehntausende bis hunderttausende von Jahren tot und begraben waren, als die Menschen des alten Ägypten, der Sumerer und Babylonier ihre Lebens- und Blütezeit durchlebten. Der *Homo erectus* und der *Homo sapiens neanderthalensis* waren Vertreter einer bereits lange untergegangenen und damals von niemandem mehr gekannten Art Mensch. Wir können nur spekulieren, was und wie sie dachten und fühlten. Und mit großem wissenschaftlich-technischen Aufwand können wir manchmal erfahren, wie sie lebten, woran sie litten und starben.

Noch drastischer ist eigentlich der Aschermittwoch. Er konfrontiert uns nicht mit höchst anschaulichen Mumien oder wenigstens den teils anschaulichen, wenn auch ergänzungsbedürftigen Schädelfragmenten, sondern mit dem, was von uns über bleibt, wenn nach Durchlaufen der Öfen des Krematoriums unsere Asche in die Urne gefüllt wird. Aus diesem Kohlenstoffbehälter könnten spätere Generationen rein gar nichts mehr über uns und unser heutiges Leben herausfinden, ja nicht einmal mehr, ob es sich um Menschen oder Tiere oder anderes organisches Material gehandelt hat.

So fallen wir einer umfassenden Erinnerungslosigkeit anheim. Einzig aus der Urne, wenn sie nicht auch aus recycelbarem oder ökologisch abbaubarem Material ist, wäre zu ersehen, wer wir sind bzw. einmal waren. Mit dieser erinnerungslosen zukünftigen Abseitigkeit und Belanglosigkeit unseres Lebens konfrontiert uns der Aschermittwoch mit seiner namensgebenden Asche:

»Gedenke, Mensch, dass du Staub bist und zum Staub zurückkehrst.«

Soviel ist sicher: Wir, jeder Einzelne, jedes Volk, die ganze Menschheit fallen angesichts der gewaltigen kosmischen Äonen über kurz oder lang alle einem grandiosen, allumfassenden Vergessen anheim. Grund genug, um sich in eine profunde Depression hineinzusteigern.

Ein Brasilienmissionar aus Kloster Bardel publizierte kürzlich diese Geschichte. Im hektischen Gewusel einer Großstadt tritt ein älterer Mann beladen mit einer schweren Aktentasche ein wenig beiseite, neben die Hektiker-Rennbahn und schaut sich die ausgestellten Bilder einer am Wege liegenden Kunsthandlung an. Wie der Zufall es will, wenn der Zufall wollen können sollte, steht plötzlich ein kleiner vielleicht achtjähriger Junge neben ihm, der dieselben Bilder anschaut. Unter den Bildern befindet sich eine eindrucksvolle Kreuzigungsdarstellung. Da fragt der ältere Herr den Kleinen, vielleicht aus Neugier, was der Kleine wohl von dieser Darstellung versteht, vielleicht auch, um nicht so kommunikations-los nebeneinander zu stehen, ob er ihm das Bild erklären könne.
Und der kleine legt los. »Der mit dem roten Mantel, das ist der Apostel und Lieblingsjünger Johannes. Die mit dem blauen Gewand, das ist die Mutter Ma-ria. Und der mit der Lanze, das ist der römische Soldat, der feststellen musste, ob Jesus noch lebte. Und der, der da am Kreuz angenagelt ist, das ist Jesus, der gerade mit schrecklichen Schmerzen stirbt.«
»Toll, was Du alles weißt.«, sagt der ältere Herr, und dreht wieder ab, zurück ins Gewühl der Massen und hat wenige Augenblicke später den Jungen schon fast wieder vergessen. Da plötzlich ruft eine Kinderstimme hinter ihm: »Hallo du, warte mal! Hallo, du Mann mit der Aktentasche!« Er merkt, dass er gemeint ist und dreht sich um. Da kommt der Kleine atemlos angerannt und als er vor ihm steht, sagt er: »Ich habe noch etwas ganz Wichtiges vergessen. Der Jesus am Kreuz ist aber nicht tot geblieben, der ist auferstanden, der lebt wieder.« »Dan-keschön,« sagt der Alte, »das ist eine ganz, ganz wichtige Nachricht. Du hast recht, die dürfen wir nicht vergessen und nicht verschweigen.«

Der Aschermittwoch sagt mir: Mit Jesus Christus ist da einer, der nicht im Nir-wana des Vergessen- und Versunkenseins verschwunden und darin verblieben ist. Da ist einer, durch dessen Allgegenwart die namenlosen Toten der Geschich-te und auch wir nicht in ein unumkehrbares allumfassendes Vergessen absin-ken.

Da ist der Gott, der aus dem Staub der Erde, also aus toter Materie, wie uns Genesis erzählt, – auf kunstvollen evolutiven Wegen, wie wir heute wissen, – den lebendigen Menschen erstehen ließ.

Und dieser Mensch, mit seiner schier unendlich anmutenden Komplexität im Denken, Fühlen und Tun, dieser Mensch mit seiner schier unstillbaren Lebenssehnsucht, der versinkt nicht wieder endgültig im Nichtsein. Dessen Sein wird gewandelt, nicht genommen, dessen Sein wird transformiert, nicht ein für allemal exekutiert. Und darum betet die Kirche seit Jahrhunderten in der Präfation der Totenmesse:

»Deinen Gläubigen, o Herr, wird das Leben gewandelt, nicht genommen. Und wenn die Herberge unserer irdischen Pilgerschaft zerfällt, ist uns im Himmel eine ewige Wohnung bereitet.«

Diese doppelte Botschaft bringt uns der Aschermittwoch auf drastische Weise nahe, den endgültigen und totalen Zerfall unseres diesseitigen Daseins und das endgültige Heimatrecht, das Angenommen- und Aufgenommensein in der Lebensfülle Gottes.

### ■ Kontrast-Erfahrung

Können Sie sich an Ihre frühesten Karnevalserfahrungen erinnern? Als was sind sie losgezogen? Was hatten sie für Verkleidungen? Wie waren sie geschminkt? Mit wem und wo waren sie unterwegs?

Meine frühesten Karnevalserfahrungen verbinden sich mit dem großen Karnevalszug am Rosenmontag in … Ich war noch ein Kindergartenkind. Fassungslos sah ich die Fußgruppen in buntesten Farben, Blasmusik, Trommler und Pfeifenmusik, Wagen mit gewaltigen Aufbauten, mit witzigen Pappfiguren, Helau rufende, farbenfroh gekleidete Menschen obendrauf, die damals wirklich noch billige Kamelle warfen. Und das Ganze zog durch Straßen, die noch immer schwer gezeichnet waren vom Bombenkrieg. Überall fand man noch Trümmergrundstücke. Aber auf solchen abgebrochenen Mauervorsprüngen konnte man besser über die Köpfe der Erwachsenen hinwegsehen.

Die Kirche der Fünfziger Jahre hatte aus der NS-Zeit noch immer etwas Kämpferisches, stand vielen gesellschaftlichen Entwicklungen kritisch gegenüber. Karneval, das war für viele Kirchenvertreter ein einziger Sündenpfuhl, den man trockenlegen musste. Und so setzten sie, während draußen der Karneval mit all seinem prallen Leben tobte, einen Gegenakzent: Das Vierzigstündige Gebet. »Kampfbeten« nannten das später meine Studienkollegen.

Nachdem der Zug mit all seiner Pracht und Lautstärke durch war, wollte meine Mutter mit uns Kindern zurück nach Hause. Mein Vater aber wollte, sozusagen als Abgeordneter unserer ganzen Familie, eine Stunde am Vierzigstündigen Gebet in die Servati-Kirche in Münsters Innenstadt teilnehmen. Das war auch damals schon eine Kirche der ewigen Anbetung. Das Allerheiligste war den ganzen Tag über in der Monstranz am Hauptaltar ausgestellt und hier fanden sich immer Beter ein: Menschen auf dem Weg von ihrer und zu ihrer Arbeit, Menschen mit besonderen Anliegen, Leiden und Sorgen, mystisch veranlagte Menschen, die stundenlang dort beten konnten, Mütter, die mit ihren Kindern dort eine Kerze ansteckten und ein kurzes Gebet sprachen, Nonnen von der nahen Raphaelsklinik, die eine kurze geistliche Rast einlegten zwischen ihren Diensten, alte Leute, die ihren Tag durch stilles Rosenkranzgebet strukturierten, auch viele junge Leute, die einfach einen Moment lang in die tiefe Stille eintauchen wollten, die immer über diesem heiligen Ort lag.

Dahin wollte mein Vater. Und ich wollte, Karneval hin oder her, auch dahin und nicht nach Hause. Meine Eltern warnten mich, das sei nichts für Kinder, sondern nur für Erwachsene, noch obendrein solche, die viele Stunden lang beten könnten. Ich habe behauptet, das könne ich auch, auch stundenlang! So nahm mich mein Vater schließlich mit.

Wir erwischten wohl die Betstunden der Ordensfrauen, denn die Kirche war voller Nonnen, schwarze Ordenstrachten und schwarze Hauben mit einer »Blesse« über der Stirn, wohin man auch blickte. Einen Sitzplatz gab es nicht mehr. Mein Vater, der die vielen Nonnen überragte, hatte das Allerheiligste fest im Blick und nahm mich zeitweilig auf den Arm, damit auch ich den Herrgott zu Gesicht bekam. Und dann entdeckte er eine in die Rückwand eingelassene steinerne Bank und stelle mich dort ab. Und ich sehe noch immer die für mich unzähligen schwarzen Rückenansichten der vor mir knienden und stehenden Nonnen. Und ich höre noch immer das raumfüllende unendliche Murmeln, Raunen, Summen und das Hin- und Hergewoge der Wechselgebete des Rosenkranzes. Ich sehe noch immer, wie die Ordensfrauen bei jedem »Ehre sei dem Vater und dem Sohn und und dem Heiligen Geist« ganz synchron ihre »behaubteten« Häupter beugten vor dem angerufenen dreifaltigen Gott, vor dem, der uns in der Monstranz in Brotgestalt leibhaftig nahe war. Ich sehe und rieche noch immer die mal rechts, mal links austretenden Weihrauchwolken aus dem

Schwenker der knienden Messdiener. Und am Ende nach dem *Tantum ergo sacramentum* kam noch der krönende und wohl auch etwas erlösende Schlusssegen des Priesters mit der erhobenen Monstranz und der Ausklang mit dem Salve regina.

Ein größerer Kontrast zu dem exzentrischen, farbigen, lauten, grellen, umtriebigen Karnevalstreiben draußen als hier drinnen in der Kirche mit diesem ganz nach innen gewendeten Beten und Singen, mit diesem Einatmen von Stille, war und ist kaum denkbar. Ich spürte vom ersten Moment in dieser Kirche: Hier wird's ernst. Hier ist eine ganz andere, wichtige Dimension von Leben, hier ist der Ort für den existenziellen Lebensernst.

Hier beugt man die Knie und das Haupt, hier beugt man sich mit seiner ganzen Existenz vor dem, der unendlich überlegen ist. Hier beugt man sich vor Gott – und das ist existenziell erhebend. Hier werden mir nicht von außen und mit rasanter Geschwindigkeit immer neuen Bilder aufgenötigt, sondern durch die immer gleichen Gesten, Gebet und Gesänge steigen langsam aus der eigenen Tiefe innere Bilder auf.

Fürs Feiern, fürs Bunte, Laute und Abwechslungsreiche finden sich zahllose Anlässe und Anbieter. Das ist, sofern es uns nicht zu Junkies der Ablenkung dressiert, auch in Grenzen gut und schön. Eine hochprofessionelle Ablenkungsindustrie organisiert das zeitraubend und flächendeckend und lebenslänglich. Da werden Ablenkung und Unterhaltung zur existenziellen Narkose, zur terminalen Sedierung.

Das Beten konfrontiert mich auf manchmal schwer erträgliche, aber heilsame Weise mit mir selbst – und es konfrontiert mich mit Gott. Diese oft vom Unterhaltungsmüll zugeschütteten Quellen des Gebets müssen wir neu freilegen, um die Lebensqualität zu retten und zwar auch im Kontrast zur Restgesellschaft, um nicht miteinander abzudriften in existenzielle Seinsvergessenheit. Wir sollten – um Gottes und der Menschen willen – alltäglich und verlässlich dafür Sorge tragen, betende Christen und eine betende Kirche zu werden, zu sein und zu bleiben. Denn Beten ist menschlich und Beten macht menschlich.

# Erster Fastensonntag

## ▓ Eingangslied

O Herr, nimm unsre Schuld *(GL 273, 1–4)*
Wer unterm Schutz des Höchsten steht *(GL 423, 1 u. 3)*

## ▓ Einführung

*Lesejahr A:*
Die alttestamentliche Lesung erzählt uns heute vom ersten Menschenpaar und seinen folgenreichen Verfehlungen gegen Gott. Der Apostel Paulus stellt in der zweiten Lesung den Stammvater der Menschheit, den alten Adam, durch den das Unheil in die Welt kam, dem neuen Adam gegenüber: Christus, den Heiland, durch den das Heil in die Welt kam. Theologen sprechen von der Adam-Christus-Typologie.

Jeder von uns hat den alten Adam, respektive die alte Eva in sich, und damit den Hang zum Übel, zur Selbstherrlichkeit und Unwahrhaftigkeit, zum Sein-Wollen wie Gott.

Jeder von uns hat aber auch den neuen Adam in sich, Christus, den, der das Gute will und tut. Den, der die Menschlichkeit und Güte bis zum Äußersten lebt.

In Taufe, Firmung, Buße und Eucharistie wird der alte Adam durch den neuen Adam »veredelt.« Die österliche Bußzeit ist die Chance, diesen Typenwechsel in uns und an uns selbst zu vollziehen.

*Lesejahr B (Evangelium):*
Bevor Jesus sein öffentliches Wirken begann, nahm er eine vierzigtägige Auszeit in der Wüste. Und dort macht er all das Menschlich-allzu-Menschliche durch. Vom Gottesgeist ist die Rede und von der Versuchung durch den Satan, von einem Dasein zwischen Tier und Engel.

Als Johannes der Täufer ins Gefängnis geworfen wurde und, wie wir heute wissen, bald danach seinen grausamen Tod fand, da begann Jesus mit seiner eigenen Verkündigung, die das heutige Evangelium in diese ermutigende Kurzform bringt. Das ist nicht wie tendenziell bei Johannes eine Drohbotschaft; sondern eine Frohbotschaft: »Die Zeit ist erfüllt, das Reich Gottes ist nahe. Kehrt um und glaubt an das Evangelium.« Die Freude über die vergebende Nähe Gottes kann uns zur Umkehr ermutigen.

*Lesejahr C (Evangelium):*
Das heutige Evangelium erzählt uns von der Wüstenerfahrung Jesu. Es bebildert die inneren Anfechtungen und Versuchungen Jesu.
Er soll Steine zu Brot machen, d. h. durch bloße Bedürfnisbefriedigung den allseits verehrten Wohltäter spielen. Jesus sagt: Der Mensch lebt nicht vom Brot allein.
Ihm wird die Verführung der weltlichen Macht nahegelegt. Jesus sagt: Vor dem Herrn, deinem Gott, sollst du dich niederwerfen und ihm allein dienen.
Und schließlich wird ihm die Verführung zum bejubelten Entertainer, zum Zauberkünstler und Unterhaltungszampano nahegebracht. Jesus antwortet: Du sollst den Herrn, deinen Gott, nicht auf die Probe stellen. Immer im Blick auf Gott bewältigt er seine menschlichen Gefährdungen.
Auch jeder von uns hat sein ganz eigenes Sortiment von Versuchbarkeit und Verführbarkeit. Wir sollten es uns selbst bewusst machen und in der Ausrichtung auf Gott, die Korrektur unseres Lebensentwurfes vornehmen.

*Oder:*
Wir wollen uns einstimmen auf den Gottesdienst mit einem Gebet von Charles de Foucauld (1858–1916), Eremit bei den Tuareg:
Herr, du kennst meinen Weg, den Weg, der hinter mir liegt, und den, der vor mir liegt. Du begleitest mich jeden Augenblick. Du bist immer für mich da. Weil du mich führst, kann ich versuchen, mich selber zu führen, dass meine Augen und Ohren unterscheiden lernen, dass meine Hände anderen helfen lernen, dass mein Denken das Richtige findet, dass mein Herz das Rechte entscheiden lernt. Weil du mich führst, will ich meinen Weg versuchen. Um all das bitten auch wir durch Christus.

## ▪ Schuldbekenntnis

Ich bekenne, Gott dem Allmächtigen …
Herr, erbarme dich *(GL 152)*

■ **Lesung** *(LJ A: Gen 2, 7–9; 3, 1–7, Predigt dazu siehe unten)*

■ **Zwischengesang**

Bekehre uns, vergib die Sünde *(GL 266, 1–3, Vorsänger)*

■ **Evangelium** *(LJ A: Mt 4, 1–11; LJ B: Mk 1, 12–15; LJ C: Lk 4, 1–13)*

■ **Predigt**

*Bischofswort oder alternativ Predigt zur Lesung (siehe unten)*

■ **Credo**

O Heiligste Dreifaltigkeit *(GL 352, 1–3)*
Credo in unum Deum / Ich glaube an Gott *(GL 177)*

■ **Fürbitten**

Wir wollen Gott um seine Hilfe und um sein Geleit bitten in den Fragen, Anliegen und Problemen unseres Lebens:
– *Stille* – Gott, unser Vater ... A.: Wir bitten dich, erhöre uns. *(nach jeder Bitte wiederholen)*

1. Für die Christen in der Welt, in Deutschland, in unserem Bistum und in unserer Gemeinde, dass wir in der österlichen Bußzeit unser Leben durch Fasten, Beten und Werke der Liebe neu ausrichten auf Gott.
2. Für die Menschen in den immer wieder in Vergessenheit geratenden Entwicklungsländern, dass wir ihrer gedenken und ihnen durch unsere Großherzigkeit in den Fastenaktionen Misereor und Brot für die Welt nach Kräften zu Hilfe kommen.
3. Für alle, die aus der Kraft des Gotteswortes, der Stille und dem Gebet leben wollen, dass sie dich immer tiefer kennen und lieben lernen.
4. Für die Kinder, die in diesem Jahr zur ersten heiligen Beichte und zur ersten

heiligen Kommunion gehen und für ihre Katecheten, dass sie gemeinsam die Freude des Glaubens erfahren und bewahren.

5. Für unsere alten und kranken Menschen, dass sie Trost finden bei dir und auch durch unsere Hilfsbereitschaft deine menschliche Nähe erfahren können.

Gott, du bist uns Herausforderung zum Guten, Ermutigung im Schweren und unsere Hoffnung auf Leben sogar noch im Sterben. Dafür danken wir dir durch Christus ...

## Gabenbereitung

Was Gott tut, das ist wohlgetan *(GL 416, 1 u. 4)*
Selig, wem Christus auf dem Weg begegnet *(GL 275, 1–2)*

## Sanctus

Lasst uns loben, freudig loben *(GL 489, 1 u. 2)*
Heilig, heilig *(GL 135)*

## Vaterunser

Gottes Reich, das notwendige Brot, die menschliche Versuchung, all diese Themen des Evangeliums greift auch das Gebet Jesu auf. Beten wir es miteinander und mit ihm: Vater unser ...

## Agnus Dei

Schönster Herr Jesu *(GL 364, 1 u. 5)*
Lamm Gottes *(GL 136)*

## ◼ Gebet

Gott, du bist der Geber aller Gaben, der Urheber der Welt und der Urheber des Lebens und alles Lebensnotwendigen auf dieser Welt. Dir vertrauen wir uns in allen Nöten dieses Lebens an. Dir vertrauen wir uns auch in der Not unseres Sterbens an. Schenke uns das, was die Lebensnot wendet. Schenke uns das, was die Sterbensnot wendet. Gib, dass wir Christen nach deinem Vorbild einander im Leben Lebenshilfe geben und gib, dass wir im Sterben deine Lebenshilfe erfahren können. Darum bitten wir …

*Oder:*
Herr, in deinem Wort hast du uns, den so oft Entmutigten, von Neuem Ermutigung geschenkt und in deinem Brot und Wein hast du uns, den an Leib und Geist so oft Schwachen, Stärkung geschenkt. Lass uns – ermutigt und gestärkt von dir – unser Denken, Fühlen und Tun, ja unser ganzes Leben nach Kräften in deinem Geist gestalten. Und gestalte du es dereinst weiter zur Vollendung in deinem Leben. Darauf hoffen wir, darum bitten wir durch Christus, unsern Bruder und Herrn. Amen.

## ◼ Schlusslied

Wenn ich, o Schöpfer, deine Macht *(GL 463, 1 u. 6)*
Wie schön leuchtet der Morgenstern *(GL 357, 1 u. 3)*

## ❖ Predigt *(Lesejahr A: Gen 2, 7–9; 3, 1–7)*

## ◼ Zwei Schöpfungserzählungen

Zwei Schöpfungserzählungen enthält unsere Bibel in ihrem ersten Buch, der Genesis. Zum einen steht da das Siebentagewerk oder die Priesterschrift aus dem 6. vorchristlichen Jahrhundert. In dieser Schrift ist der Mensch das letzte Werk des Schöpfers und wird sofort in seinen beiden Geschlechtern als Mann und Frau geschaffen.
Zu anderen steht da aber auch direkt dahinter die Adam-und-Eva-Erzählung oder der Jahwist aus dem 9. vorchristlichen Jahrhundert. In dieser Schrift ent-

steht zuerst der Mensch, Adam, und zwar nur in seiner Eingeschlechtlichkeit. Und um diesen Menschen herum baut Gott den Garten Eden, wie ein Biotop. Und erst am Ende kommt Gott auf die Idee, dass dem Adam noch die Eva fehlt, dem *Isch*, also dem Mann, noch die *Ischa*, die ihm ebenbürtige Männin, die Frau.

Wenn man diese beiden Geschichten je für sich wörtlich versteht und miteinander vergleicht, dann stellt man fest, dass sie einander widersprechen. Erst recht widersprechen sie – wörtlich verstanden oder genauer: wörtlich missverstanden – der biologischen Evolutionstheorie. Aber wer die beiden Schöpfungserzählungen als einen Weltentstehungsreport versteht, missversteht sie eben total.

Das ist ungefähr so dämlich wie die Ansicht, ein Frühlingsgedicht gehörte in dieselbe Schriftgattung wie die Betriebsanleitung für eine Schlagbohrmaschine, und weil sie einander widersprechen, müsse das Gedicht falsch sein.

Die Schöpfungserzählungen sind nicht eine schlechte Naturkunde darüber, wie es zum Menschen kam, sondern eine großartige Urkunde darüber, was es mit dem Menschen auf sich hat. Sie erzählen Wesentliches über das Wesen des Menschen.

Der Mensch wird in der jahwistischen Erzählung als Adam bezeichnet. Adam ist verwandt mit dem Wort »Adamah« und das heißt Ackerboden. Im Wort Adam steckt auch das Wort »dam«, was Blut bedeutet. Demnach heißt Adam übersetzt so viel wie der »blutvolle« oder »blutige Erdling«.

*»Von der Erde bist du genommen, zur Erde kehrst du zurück ...«* So beten wir bei der Beisetzung am Grab. *»Gedenke Mensch, dass du Staub bist und zum Staub zurückkehrst.«* Das hören wir am Aschermittwoch. Und genau das ist doch unsere ungeschminkte Realität. Im Wortspiel dam/adam/adama verdeutlicht der biblische Autor also Herkunft und Zukunft des Menschen.

Aber der Mensch besteht nicht nur aus Blut und Erde, sondern wesentlich für seine Existenz ist der Lebensatem, den Gott diesem Erdling in die Nase bläst. Es ist etwas Göttliches in ihm neben all dem Erdigen und Blutigen. Nur so, mit diesem Lebensatem von Gott *»wurde der Mensch zu einem lebendigen Wesen.«*

Zwei Bäume stehen in der Mitte des Gartens Eden: der Baum des Lebens und der Baum der Erkenntnis. An beiden rütteln wir Menschen, seit es uns gibt, mächtig herum. Der Nobelpreisträger und Mitentdecker der DNS-Doppelhelix, also der chemischen Struktur unseres Erbguts, James Watson, hat allen Ernstes dazu aufgerufen, wir sollten endlich Gott spielen. Wir könnten und sollten endlich das Erbgut besser machen als es der alte fehlerhaft arbeitende Gott mit seinen vorsintflutlichen Methoden getan hätte.

Diese Geschichte erzählt mir: Auch Verführbarkeit und Fehlbarkeit des Menschen gehört zu seinem Wesen; er mag sich noch so sehr als gut oder klug oder gar unfehlbar kostümieren und schminken.

Die Verführung der Frau durch die Schlange geht schon mit einer Lüge der Schlange los: »Hat Gott wirklich gesagt: Ihr dürft von keinem Baum des Gartens essen?«

Davon war nirgends die Rede. Und sie endet mit einer Lüge: »Nein, ihr werdet nicht sterben. Gott weiß vielmehr: Sobald ihr davon esst, gehen euch die Augen auf; ihr werdet wie Gott und erkennt Gut und Böse.«

Der Gott, den die Schlange da beschreibt, ist klein kariert, neidisch um seinem Vorteil und seinen Wissensvorsprung besorgt, dem Menschen gegenüber missgünstig.

Und dann mit dieser doppelten Lüge, die einerseits Gott zu einem Rumpelstilzchen herabwürdigt und andererseits dem Menschen Allwissenheit, Allmacht und eine selbst bewerkstelligte Unsterblichkeit in Aussicht stellt, tut der Mensch, seit es ihn gibt, den tiefen Fall und schlägt hart auf dem Boden der Realität auf.

Ernst Haeckel, einer der antikirchlichen Streiter im Lager der frühen Evolutionisten hatte gesagt: »Ein Apfel vom Baum der Erkenntnis ist es noch immer wert, dass man um seinetwillen ein Paradies verliert.«

Die Erkenntnis ist gar nicht das Widergöttliche und die Dummheit ist nicht der Preis für die paradiesische Vorzugsbehandlung. Sein-Wollen wie Gott, das ist das Problem.

Als Adam und Eva von dem Baum gegessen hatten, sagt die Bibel: »Da gingen ihnen die Augen auf und sie erkannten, dass sie nackt waren. Sie hefteten Feigenblätter zusammen und machten sich einen Schurz.«

Das ist keine Geschichte über die Entstehung einer religiös begründeten Prüderie. Das ist die bittere, schmerzhafte Erkenntnis, dass wir nackt sind, lebenslänglich abhängige Geschöpfe, die frieren, schutzbedürftig und krankheitsanfällig sind und auf den Tod zugehen. Nichts ist mit Allmacht und Allwissenheit, nichts ist mit Unsterblichkeit, auch nicht im 21. Jahrhundert.

Und doch ist in diesem Wissen-Wollen auch etwas Großes, das den Menschen Gott näher bringen könnte. Denn Gott hat es doch in den Menschen hineingelegt. Die Unterscheidungsfähigkeit zwischen dem, was Gottes Willen gemäß und was ihm nicht gemäß ist, die haben Adam und Eva doch schon im Paradies. Sie können den Baum des Lebens und den Baum der Erkenntnis sehr wohl von den anderen Bäumen unterscheiden.

Das Problem ist das Sein-Wollen wie Gott, das Leugnen der bleibenden Geschöpflichkeit und Abhängigkeit, das Leugnen der Herkunft von Gott und der Zukunft in Gott. Das ist es, was den Menschen tief und tiefer in sein selbst verschuldetes Elend einsinken lässt.

Mir sagt die heutige Lesung auf wunderbare erzählerische Weise: Ja, wir Menschen sind verführbar durch Allmachts- und Allwissenheitsfantasien, durch die Verheißung einer Do-it-yourself-Unsterblichkeit. Sie sagt mir: Wir alle, ob wir Prälat im Vatikan oder Prolet unter einer Tiberbrücke, ob wir Präsident im Weißen Haus oder Kind im Waisenhaus sind, ob wir millionenschwerer Geldgeber oder armseliger Sozialhilfeempfänger sind, wir sind und bleiben in der geschöpflichen Abhängigkeit vom Schöpfer, wir haben Herkunft nur von Gott und Zukunft nur in Gott. Und dieser Gott, der dem armseligen Erdling den Lebensodem einbläst, der schenkt uns Leben, der lässt uns leben, der ist uns Leben.

# Zweiter Fastensonntag

## ▓ Eingangslied

Bekehre uns, vergib die Sünden *(GL 639(5), (6); Vorsänger)*

## ▓ Einführung

*Lesejahr B:*
»Ist Gott für uns, wer ist dann gegen uns? ... Christus Jesus, der gestorben ist, mehr noch: der auferweckt worden ist, sitzt zur Rechten Gottes und tritt für uns ein.« Das schreibt der von Krankheit, Verfolgung, Gefängnis, Folter gezeichnete und später schließlich durch Enthauptung hingerichtete Paulus an die Gemeinde in Rom. Das ist ein auch durch die Todesbedrohung nicht zu zerbrechendes Vertrauen in den lebendigen und Leben spendenden Gott.
Vielleicht brauchen wir manchmal Sternstunden, wie Petrus, Jakobus und Johannes auf dem Berg der Verklärung, wo sie Jesus in anderem Lichte sehen. Wir brauchen Sternstunden, die auch uns helfen, die Welt in anderem Licht zu sehen, Sternstunden, die uns den Sinn und das Ziel dieser Welt und unserer selbst erahnen lassen. Dann können wir Paulus vielleicht leichter zustimmen: »Ist Gott für uns, wer ist dann gegen uns? ... Christus Jesus, der gestorben ist, mehr noch: der auferweckt worden ist, sitzt zur Rechten Gottes und tritt für uns ein.«

*Lesejahr C:*
»Unsere Heimat ist im Himmel. Von dorther erwarten wir auch Jesus Christus als Herrn und Retter, der unseren armseligen Leib verwandeln wird in die Gestalt seines verherrlichten Leibes.« Das schreibt am Ende seines Lebens und aus dem Gefängnis der Apostel Paulus an die Gemeinde in Philippi.
Vielleicht brauchen wir manchmal Sternstunden, wie Petrus, Jakobus und Johannes auf dem Berg der Verklärung, wo sie Jesus in anderem Lichte sehen. Wir brauchen Sternstunden, die auch uns helfen, die Welt in anderem Licht zu sehen, Sternstunden, die uns den Sinn und das Ziel dieser Welt und unserer selbst erahnen lassen. Dann können wir Paulus vielleicht leichter zustimmen: »Unsere

Heimat ist im Himmel. Von dorther erwarten wir auch Jesus Christus als Herrn und Retter, der unseren armseligen Leib verwandeln wird.«

*Oder:*
Gott, du bist da, du bist uns nah, und wir stehen mit unserer Schuld und Unzulänglichkeit vor dir, und unser Gewissen klagt uns an. Doch durch die Hoffnung auf dich sind wir begnadete Menschen. Deine Güte und dein Erbarmen sind für uns erfahrbar geworden in Jesus Christus. Hilf uns – durch Jesus Christus ermutigt – selber Erbarmen und Güte walten zu lassen im Miteinander, damit es zu einem menschlichen Miteinander und Füreinander wird. So wollen wir nun um dein Erbarmen bitten …

## Kyrie

Herr, erbarme dich *(GL 134)*

*Oder gesprochen:*
Herr, unser Gott,
du kommst uns entgegen und ermutigst uns zu glauben.
Herr, erbarme dich unser.
Du lässt uns diese Welt in neuem Lichte sehen.
Christus, erbarme dich unser.
Du führst uns dereinst in dein Licht ohne Nacht, in dein Leben ohne Tod.
Herr, erbarme dich unser.

## Lesung *(LJ B: Röm 8, 31b–34 oder Gen 22, 1–2.9a.10–13.15–18; LJ C: Phil 3, 17-4, 1)*

## Zwischengesang

Herr, unser Herr, wie bist du zugegen *(GL 414, 1, 3 u. 4)*
Der Herr wird dich mit seiner Güte segnen *(GL 452, 3)*

## Evangelium *(LJ C: Lk 9, 28b–36)*

■ **Predigt** *(siehe unten)*

■ **Credo**

Ich glaube an Gott *(GL 179)*
Dank sei dir Vater für das ewge Leben *(GL 484, 1 u. 3)*

■ **Fürbitten**

Herr, unser Gott, wir sind deiner nicht würdig, aber wir sind deiner bedürftig. So kommen wir mit unseren Sorgen und Nöten zu dir:
– *Stille* – Christus, höre uns! A.: Christus, erhöre uns! *(nach jeder Bitte wiederholen)*

1. Hilf unserer krisengeschüttelten Kirche, dass sie den Maßstab ihres Tuns und das Ziel ihres Handelns von dir entgegen nimmt.
2. Hilf, dass sich die Kardinäle, die einen neuen Papst wählen und der Papst, der die Kardinäle wählt, von deiner Geistesgegenwart leiten lassen.
3. Bestärke die durch islamistische Gruppen verfolgten Christen im Nahen Osten, in Afrika und in Südostasien in ihrem Glauben an dich und in ihrer Hoffnung auf dich.
4. Mach uns Christen angesichts der Not in der Welt weitsichtig, hellhörig und tatkräftig für die Menschlichkeit und den Frieden in der Welt.
5. Lass die jungen Menschen mit einem lebendigen Glauben an dich in diese Welt gehen. Und lass die alten und kranken Menschen mit der Hoffnung auf dich von dieser Welt gehen; denn du bist für alle der Gott des Lebens.
6. Wir tragen Gott in Stille unsere ganz privaten Anliegen vor.

Gott wir stellen uns mit unseren Schwächen und Fähigkeiten in deinen Dienst. Lass uns mitwirken an dem Heil, das du verheißen hast. Darum bitten wir dich. Amen.

## ▨ Gabenbereitung

Ich steh vor dir mit leeren Händen, Herr *(GL 422, 1 u. 3)*
Herr, nimm mich auch zum Tabor mit *(GL 363)*


## ▨ Sanctus

Heilig, heilig *(GL 200)*
Heilig, heilig *(GL 132)*


## ▨ Agnus Dei

Herr, dir ist nichts verborgen *(GL 428, 1 u. 4)*
O du Lamm Gottes, das getragen *(GL 202)*


## ▨ Gebet/Meditation

Gott, von dir sind alle Gaben, die wir einander schenken. Und was immer wir dir geben können, haben wir zuvor von dir erhalten. Du willst von uns nicht irgendwelche Gaben. Du willst von uns nur uns selbst, damit wir in der Hingabe an dich und den Nächsten das Heil finden, zu dem du uns berufen hast. Lass unser Vertrauen und unsere Hoffnung auf dich wachsen, bis sich unser Leben erfüllt und vollendet in dir.

*Oder:*
Herr und Gott, das Gedächtnis des Todes Jesu Christi, seiner Auferstehung und seines Kommens haben wir in diesem Mahl gefeiert. Nun lass uns aus dem Glauben an dein Wort leben, lass uns die Hoffnung auf deine Verheißung bewahren und die Werke der Liebe tun, Tag für Tag, lebenslänglich, bis wir vollendet sind im Leben bei dir. Darum bitten wir …

■ **Schlusslied**

Wer nur den lieben Gott lässt walten *(GL 424, 1 u. 3)*
Mein Hirt ist Gott, der Herr *(GL 421, 1)*


❖ **Predigt**

*Betrachten Sie das aktuelle Hungertuch von Misereor, Materialien dazu unter: www.misereor.de*

*Oder:*


■ **F-A-S-T-E-N**

Wenn ich in dieser Fastenzeit die Eucharistie feiere, stoße ich am Beginn des Hochgebetes immer wieder auf den merkwürdigen Satz: »Durch Fasten des Leibes hältst du die Sünde nieder, erhebst du den Geist, gibst du uns die Kraft und den Sieg.«
Na, wenn das so einfach durch Fasten zu machen ist, – die Sünde danieder und der Geist hoch erhoben –, dann nichts wie ran ans Fasten! Was aber heißt Fasten? Ich versuche, es einmal durchzubuchstabieren:
*F für Freiheit:* Die Fastenzeit hat es an erster Stelle nicht mit Einschränkung und Beschränkung, Einengung und Beengung zu tun, sondern mit Freiheit! Fasten soll mir die »Freiheit von« zurückgeben: Was nimmt mich gefangen, engt mich ein, entfremdet mich von mir selbst? Wie werde ich davon frei? Das Fasten soll mich befähigen, die »Freiheit für« neu zu bestimmen: Für welche Menschen, welche Werte, welche Aufgabe möchte ich frei sein? Aus Freiheit und um der Freiheit willen wird minder Wichtiges oder Unwichtiges aufgegeben. »Widersagen Sie dem Bösen, um in der Freiheit der Kinder Gottes leben zu können?« So werden wir in der Osternacht gefragt, so wird bei jeder Taufe gefragt. Fasten beginnt mit F wie Freiheit, beim Fasten geht es um Freiheit.
*A für Andacht:* In der Fastenzeit brauchen wir eine Zeit für Andacht. Das Wort hat etwas mit Denken zu tun. Es stammt vom mittelhochdeutschen Wort anedâcht und meint ein zielgerichtetes Denken. Wir brauchen von Neuem ein Denken, das nicht die Finanzmärkte oder die technische Machbarkeit oder die

politische Durchsetzbarkeit von irgendetwas bedenkt. Wir brauchen ein Denken, das das Ganze bedenkt, ein Denken, das sich und unser ganzes Leben auf Gott ausrichtet. Das Ziel dieses Denkens ist Gott. Für diese Andacht brauchen wir eine Auszeit von Hektik und Stress; wir brauchen Stille und Gebet zur existenziellen Richtungsbestimmung. Das private Gebet in der Stille einer Kirche oder meiner Wohnung und das gemeinsame Gebet im Gottesdienst, beide Formen der Andacht brauchen wir, damit ich mich selbst, mit der und in der Gemeinschaft auf Gott ausrichte. Fasten schreibt sich stets mit A wie Andacht.

*S für Solidarität:* Solidarität sieht die Not in der Welt und geht nicht davon unberührt zur Tagesordnung über. Solidarität heißt, sich mit Herz, Hirn und Hand einsetzen für den anderen, den zu kurz gekommenen, den kranken, den bedrohten Menschen. Solidarität geht nicht am Geldbeutel und am Terminkalender vorbei, sie kostet Zeit und Geld: meine Zeit, mein Geld. Zugleich bringt sie für den Geber und für den Nehmer neue Lebensqualität und neue Gemeinschaft. Fasten, geschrieben und gelebt ohne S wie Solidarität, wäre ein defizitärer Eintrag im Buch des Lebens.

*T für Theologie:* Was hat die Theologie mit dem Fasten zu tun? Die Fastenzeit war in der alten Kirche die Zeit der Taufvorbereitung, die Katechumenatszeit, die Einführung ins Christsein, der Lernprozess auf Ostern hin. Nur in der Osternacht wurde getauft. Wir sollten die Fastenzeit als Lehr- und Lernzeit des Christseins wieder entdecken und ein theologisches Buch, eine Einführung in den Glauben, eine Heiligenbiografie lesen. Wir sollten die dringenden Nachbesserungsarbeiten auf der Straße unseres Glaubenskenntnisses in Angriff nehmen, wo es manche Frostaufbrüche der theologischen Ignoranz zu beseitigen gilt. Sonst kann man auf diesem Weg des Glaubens niemanden mehr mitnehmen und am Ende sogar selbst nicht mehr weitergehen. Theologen und Psychologen sprechen oft von kognitiver Dissonanz, wenn jemand in den Gegenwartsfragen ein fachkompetenter Zeitgenosse, in den Glaubensfragen aber ein zurückgebliebener unterentwickelter Naivling ist. Die Beheimatung im Haus des Glaubens ist nicht mehr sicher gestellt, wenn dieser aufgrund theologischer Unkenntnis zur unbewohnbaren Ruine verkommt. Fasten schreibt man mit T wie Theologie.

*E für Ernährung:* Nur zwei Fast- und Abstinenztage im Jahr verlangt uns die Kirchendisziplin noch ab. Oder sollte ich sagen, zwei Fasttage traut sie uns nur noch zu? Aschermittwoch und Karfreitag. Sind wir Warmbader geworden in Sachen Ernährungsdisziplin, Weicheier in Sachen Genussmittelabstinenz? Wer oder was – außer dem eigenen inneren Schweinehund – sollte uns hindern, bis

Ostern z. B. jeden Freitag einen Fasttag zu machen, wenn das eigene Feinkost-
gewölbe es hergibt, wenn die Rettungsringe um die Leibesmitte und die Rei-
thosenform der Schenkel es nahelegen? Wer oder was – außer dem eigenen
inneren Schweinehund – sollte uns hindern, sechs Wochen lang auf Alkohol
oder auf Nikotin oder auf Süßigkeiten oder in spezieller Kombinationstherapie
auf Mehreres zugleich zu verzichten? Innere Schweinehunde oder Sauhunde
stehen nicht auf der Artenschutzliste, dürfen also jederzeit bejagt und besonders in der Fastenzeit erlegt und zerlegt werden. Fasten schreibt man/frau mit E
wie Ernährung.

*N für Nächstenliebe:* Das ist ein viel strapaziertes Wort unter wohlmeinenden
Christen-Menschen. Aber vom wohlmeinenden Wort zur wohltuenden Tat ist es
ein weiter, schwerer Weg. Die Fernstenliebe ist leichter als die Nächstenliebe.
Der Fernste stinkt nicht, ist nicht laut, widerspricht nicht, rückt mir nicht auf
die Pelle, will nicht meinen Arbeitsplatz, kurzum: Er stört nicht. Der Fernste
bekommt gelegentlich eine Spende von mir, solange er mir fernbleibt. Aber der
Nächste, das kann ein unangenehmer Nachbar mit dauernd lärmenden Kindern
sein, das kann ein Hundebesitzer sein, dessen tierische Hinterlassenschaften
meinen Vorgarten verunzieren, das kann die übellaunige Arbeitskollegin sein,
das kann der miese Chef sein oder die minderbegabte Sekretärin. Mit denen
auch nur menschlich umzugehen, fordert manchmal unmenschliche, sie gar
noch wertzuschätzen übermenschliche Anstrengungen. Aber Fasten – richtig
geschrieben – enthält immer das N für Nächstenliebe. –
Welchen Buchstaben müssen Sie noch üben, damit das Fasten lesbar wird in der
christlichen Handschrift Ihres Lebens?

# Dritter Fastensonntag

### ▓ Eingangslied

Bekehre uns, vergib die Sünden *(GL 266, 1–2, Vorsänger)*
Sag ja zu mir, wenn alles nein sagt *(Tr 165; GL-Eigenteil, 1 u. 3)*

### ▓ Einführung

*Lesejahr A:*
Sind sie ein begnadeter Mensch? Mögen sie das von sich selber sagen? Oder glauben sie eher: Ein hochbegabter Musiker, ein Ausnahmeathlet, ein genialer Wissenschaftler, ein großer Literat usw. – das sind begnadete Menschen?
Ich glaube, der Schein trügt. Auch unter den Genialen und Ausnahmekönnern gibt es viel Elend und Hoffnungslosigkeit. Paulus sagt uns in der heutigen Lesung: »Durch ihn (Christus) haben wir Zugang zu der Gnade erhalten, in der wir stehen, und rühmen uns unserer Hoffnung auf die Herrlichkeit Gottes. (…) Die Hoffnung aber lässt nicht zugrunde gehen.«
Ja, wir sind begnadete Menschen, begnadet mit einer Hoffnung, die nicht zugrunde gehen lässt. Menschen ohne eine grundlegende Hoffnung durchleben und führen ein gnadenloses Leben. Machen wir uns das ganz und gar nicht Selbstverständliche wieder deutlich: Durch die Hoffnung auf Gott sind wir begnadete Menschen.

*Lesejahr B:*
Die Lesung aus dem Alten Testament berichtet uns heute von der Übergabe der Zehn Gebote auf dem Berg Sinai. »Die Zehn Gebote sind nur deshalb so verständlich, weil sie ohne Mitwirkung einer Sachverständigenkommission zustande gekommen sind.«, meinte vor vielen Jahrzehnten der französische Staatspräsident Charles de Gaulle. Die Zehn Gebote stehen aber nicht für Einschränkung, sondern für die Ermöglichung von Freiheit. Und so haben die Zehn Gebote die Menschenrechte, die Charta der Vereinten Nationen und unser Grundgesetz wesentlich mitgeprägt. Damit Freiheit möglich ist, möglich wird und möglich bleibt im Miteinander der Menschen, darum bedarf es einer Minimalregelung.

Die Weisung Gottes verweist alle vom Menschen gemachten Satzungen und Ausführungsbestimmungen ins zweite Glied. Durch ihn und für ihn sind wir frei.

*Lesejahr C:*
Die Lesung erzählt uns von der Gottesbegegnung des Mose am brennenden Dornbusch. Hier im kargen, alltäglichen Hirtenleben, bei seiner Herde am Rande der Wüste, da begegnet ihm Gott. Und das hat Konsequenzen. Er wird im Auftrag Gottes und mit Gottes Hilfe zum Befreier seines Volkes aus der Sklaverei in Ägypten.
Ich glaube, jeder Mensch hat solche Momente der Gottesbegegnung, oft wie Mose mitten im Alltag. Manchmal sind wir vielleicht nicht achtsam genug im Umgang mit ihnen. Manchmal verblassen die Gottesbegegnungen im alltäglichen Trott des Lebens.
Wo war Ihre, meine, unsere Gottesbegegnung? Was ist aus ihr geworden? Was hat diese Gottesbegegnung verändert in mir, in meinem Denken, in meinem Tun, in meiner Sicht von der Welt?
Und dann dürfen wir von Neuem aufmerksam werden auf den Gott, der die Begegnung mit uns immer neu sucht.

## Kyrie

*gesprochen*
Kyrie, Kyrie *(GL 154)*

## Lesung *(LJ A: Röm 5, 1–2.5–8; LJ B: Ex 20, 1–17; LJ C: Ex 3, 1–8a.10.13–15)*

## Zwischengesang

Herr, unser Herr, wie bist du zugegen *(GL 414, 1–3)*
Nach Gott, dem Lebendigen *(GL 42(1), (2))*

## Evangelium *(LJ A: Joh 4, 5–15.19b–26.39a.40–42; LJ B: Joh 2, 13–25; LJ C: Lk 13, 1–9)*

■ **Predigt** *(siehe unten)*

*(oder: Erstkommunionkinder stellen sich vor)*

■ **Credo**

Dank sei dir Vater für das ewge Leben *(GL 484, 1 u. 3)*
Du, Herr, gabst uns dein festes Wort *(Tr 428; GL-Eigenteil, 1 u. 3)*

■ **Fürbitten**

Herr, unser Gott, was wir sind, sind wir durch dich. Was wir haben, haben wir
von dir. Um das, was uns fehlt, bitten wir dich:
– *Stille* – P.: Christus, höre uns! – A.: Christus, erhöre uns! *(nach jeder Bitte)*

1. Hilf, dass wir das bereitwillig von uns geben, was an uns sterben muss.
2. Hilf, dass wir das bereitwillig aufnehmen, was in uns leben soll.
3. Hilf, dass wir das bereitwillig fördern, was in uns wachsen soll.
4. Hilf, dass wir denen nahe sind, die unsere Nähe und Hilfe brauchen.
5. Wir bitten für die Millionen Menschen, die durch Not, Vertreibung und Bürgerkrieg in ihren Heimatländer zu Flüchtlingen geworden sind.
6. Wir bitten für die Millionen Christen, die wegen ihres Glaubens terrorisiert, verfolgt und vertrieben werden.
7. Wir tragen Gott in Stille unsere ganz privaten Anliegen vor.

Gott wir stellen uns mit unseren Schwächen und Fähigkeiten in deinen Dienst.
Lass uns mitwirken an dem Heil, das du verheißen hast. Darum …

■ **Gabenbereitung**

Ich steh vor dir mit leeren Händen, Herr *(GL 422, 1 u. 3)*
O Jesu, all mein Leben bist du *(GL 377)*

## Sanctus

Lobt froh den Herrn, ihr jugendlichen Chöre *(GL 396, 3–4)*
Singt dem Herrn, alle Völker und Rassen *(Tr 153; GL-Eigenteil)*

## Vaterunser

Vater unser *(GL 589(2))*

## Agnus Dei

Herr, dir ist nichts verborgen *(GL 428, 1 u. 4)*
Lamm Gottes *(GL 133)*

## Gebet

Herr und Gott, das Gedächtnis des Todes Jesu Christi, seiner Auferstehung und seines Kommens haben wir in diesem Mahl gefeiert. Nun lass uns aus dem Glauben an dein Wort leben, lass uns die Hoffnung auf deine Verheißung bewahren und die Werke der Liebe tun, Tag für Tag, lebenslänglich, bis wir vollendet sind im Leben bei dir. Darum bitten wir …

## Schlusslied

Du lässt den Tag, o Gott, nun enden *(GL 96, 1–3)*
Gott wohnt in einem Lichte *(GL 429, 1 u. 5)*

## ❖ Predigt *(LJ C: Ex 3,1–8a.10.13–15)*

### ▧ Pi oder der Name Gottes

Es gibt kein Volk auf der ganzen Welt und in der ganzen Geschichte, das nicht eine Gottesvorstellung entwickelt hätte. Aber es hat in der Menschheitsgeschichte viele Namen für Gott gegeben. Jede Zeit und jede Kultur hat Gott einen Namen beigelegt: Manitu sagten einige der nordamerikanischen Indianer, Thor oder Wotan nannten ihn die Germanen, von Allah sprechen die Muslime, Zeus sagten die Griechen.

Einen sehr merkwürdigen, vielleicht den merkwürdigsten Namen für Gott, bringt die Bibel im alttestamentlichen Buch Exodus (Ex 3,14): Jahwe. Dieser Name erinnert an eine der Sternstunden menschlicher Gotteserfahrung. Mose fragt den Gott, der ihm im brennenden Dornbusch begegnet, wie er heiße. Und Gott nennt sich Jahwe, das heißt übersetzt: Ich bin der »Ich-bin-da«. Wann immer nun Menschen ihren Gott mit diesem Namen Jahwe anrufen, hören sie immer schon zugleich seine Antwort mit: »Ich-bin-da«. Gott ist gegenwärtig; die Gegenwart ist von Gott erfüllt.

Wo ist das »da«? Wann ist das »da«? Der Gottesname »Ich-bin-da« gilt nicht nur räumlich. Es gibt keinen wirklich gottverlassenen Ort auf dieser Welt. Überall ist der »Ich-bin-da« gegenwärtig. Der Gottesname »Ich-bin-da« gilt auch zeitlich. Es gibt keine wirklich gottlose Zeit. Jeder Zeit ist er, der »Ich-bin-da«, nahe. Der von den Nationalsozialisten ermordete Jesuitenpater Alfred Delp hat einmal so formuliert: »Man kann wohl gottlos werden, aber man kann nicht Gott loswerden.«

Nomen est omen, sagen wir, im Namen liegt eine Vorbedeutung. Und diese Vorbedeutung lässt sich in die Worte fassen: Ich, dein Gott, bin da, wo immer du bist, wo immer du mich brauchst. Wenn ich weit weg zu sein scheine, ich bin da. Wenn du dich einsam und von allen verlassen fühlst, ich bin da. Wenn du die Gipfel deines Erfolgs und die Freude deines Lebens erfährst, ich bin da. Wenn du bei allen unten durch und am Ende bist, ich bin da. Wo und wann auch immer wir sind, er ist da. Wer oder was auch immer wir sind, er ist da. Zeit und Raum übergreifend ist er ohne Ansehen der Person für uns Menschen da, uns Menschen nah. Ob wir meditierend in uns hineinlauschen, oder ob wir forschend die Welt durchspähen, er ist da, verborgen zwar, aber unendlich nah. Er ist das Sein schlechthin.

Manche Menschen stellen die etwas eindimensional geratene Frage: Was habe ich davon, dass Gott da ist, dass er mir nah ist? Bringt mich das der Erfüllung meiner Wünsche näher? Oder ist Gottes Dasein und Nahsein existenziell belanglos?

Die Erfahrung des Daseins und Nahseins Gottes befähigte den lange Jahre von den Nationalsozialisten inhaftierten und schließlich im KZ Flossenbürg ermordeten Dietrich Bonhoeffer zu dem bemerkenswerten Wort: »Nicht alle unsere Wünsche, aber alle seine Verheißungen erfüllt Gott.« Und in dieser festen Überzeugung des Daseins und Nahseins Gottes konnte er auch den Tod bestehen.

Während Philosophen und Theologen des 20. Jahrhunderts Gott als den Ganz-Anderen definierten, hatte Nikolaus von Kues, der Kardinal, Kirchenreformer und Philosoph, schon im 15. Jahrhundert Gott als den Nicht-Anderen bezeichnet. Denn von den Anderen können wir uns abgrenzen und absetzen, die Anderen können wir uns von der Pelle halten. Der Nicht-Andere, der menschliche Gott, ist uns näher und innerlicher als wir uns selbst sind.

Der »Ich-bin-da« ist auch in mir und in den Anderen da. In mir und in den Anderen kann ich ihn finden. Gott handelt in mir, an mir und durch mich. Gott handelt im Anderen, am Anderen und durch Andere. Wenn Gott so räumlich und zeitlich gegenwärtig ist, dann kann man sagen, was der zutiefst christlich inspirierte UN-Generalsekretär Dag Hammarskjöld (1905–1961) immer wieder in seinem Tagebuch notierte: »Numen semper adest.« Immer und in allem ist auch ein Wink des Himmels zu finden. Man muss ihn nur wahrnehmen und deuten.

Auf eine Merkwürdigkeit machte mich einer meiner Seniorenstudenten, ein ehemaliger Mathematiker und Physiker, aufmerksam. Der so merkwürdige Gottesname steht im Buch Exodus Kapitel 3, Vers 14. Mit der Ziffernfolge 3, 14 beginnt auch Pi, die ludolphsche Zahl oder Kreiszahl: 3,141 592 653 589 793 … Mathematiker sagen uns, das ist eine transzendente reelle Zahl, die das konstante Verhältnis von Kreisumfang (2 pi r) zum Durchmesser (2r) angibt. Inzwischen wurde die Zahl Pi bis auf 1,241 Billionen Stellen hinter dem Komma berechnet. Und man ist auf keine Periode gestoßen und also mit ihr noch an kein Ende gekommen. Milliarden Menschen haben in drei Jahrtausenden über Jahwe, den Gottesnamen in Exodus 3, 14, nachgedacht und sind mit ihm noch an kein Ende gekommen.

Wenn die Christen über den »Ich-bin-da« nachdenken, und vom dreifaltigen Gott sprechen, dann meinen sie keinen anderen Gott. Dann wissen sie: Dieser ist, als Vater verehrt, der Gott über uns, als Sohn verehrt, der Gott mit uns, als Geist verehrt, der Gott in uns. Und immer ist er der unbedingte, unverfügbare »Ich-bin-da« – die Existenz schlechthin, der Grund unseres Lebens und unserer Hoffnung.

# Vierter Fastensonntag (Laetare)

## ▣ Eingangslied

Aus tiefer Not schrei ich zu dir *(GL 277, 1–2)*
O Jesu Christe, wahres Licht *(GL 485, 1–2)*

## ▣ Einführung

*Lesejahr A:*
Die Eingangsverse des heutigen Sonntags stammen vom Propheten Jesaja und lauten: *»Freue dich, Stadt Jerusalem! Seid fröhlich zusammen mit ihr, alle, die ihr traurig wart. Freut euch und trinkt euch satt an der Quelle göttlicher Tröstung.«*
Nach alter Tradition heißt der 4. Fastensonntag mit dem ersten Wort dieses Verses *Laetare (freue dich)!* Wir werden, bevor die Passionszeit, also die letzen vierzehn Tage des Fastenzeit, und dann die Karwoche mit dem Gedächtnis des bitteren Leidens und Sterbens Jesu anbricht, an das erinnert, worum es unserem Glauben letztlich geht: Leben und Freude.
Die Fastenzeit soll nicht die Lebensfreude in uns sterben lassen. Sie soll uns nicht zu Miesmachern, Jammerlappen und Trauerklößen degradieren oder umpolen. Sie soll uns durch den zeitweiligen Verzicht auf beschränkte und endliche Freuden den Blick auf die unbeschränkte und unendliche Freude schärfen. Sie soll uns die Lebensfreude in den Blick rücken, die von Gott kommt, die vollkommen ist und endgültig bleibt. Also: Laetare! Freue dich!

*Lesejahr B:*
Das Evangelium erzählt uns heute von einem nächtlichen Gespräch zwischen dem Pharisäer Nikodemus, einem führenden Mann unter den Juden zur damaligen Zeit und Jesus. Nikodemus ist unruhig und auf der Suche nach seinem Weg, nach dem richtigen Weg vor Gott. Er kommt nachts, weil er nicht von seinesgleichen bei Jesus erwischt werden will; denn die Pharisäer sind erheblich gegen Jesus und seine Sendung eingenommen.
*»Gott hat die Welt so sehr geliebt, dass er seinen einzigen Sohn hingab, damit jeder, der an ihn glaubt, nicht zugrunde geht, sondern das ewige Leben hat. Denn*

*Gott hat seinen Sohn nicht in die Welt gesandt, damit er die Welt richtet, sondern damit die Welt durch ihn gerettet wird.«*

Aber auch denen, die mit ihm überquer liegen, auch denen, die nach dem Weg für sich selbst suchen, gilt seine rettende und heilende Zusage. Sie gilt also auch Ihnen und mir:

*»Gott hat die Welt so sehr geliebt, dass er seinen einzigen Sohn hingab, damit jeder, der an ihn glaubt, nicht zugrunde geht, sondern das ewige Leben hat. Denn Gott hat seinen Sohn nicht in die Welt gesandt, damit er die Welt richtet, sondern damit die Welt durch ihn gerettet wird.«* Der Gott, an den wir glauben, richtet nicht hin – er richtet auf! – *Stille* –

### ▓ Kyrie/Schuldbekenntnis

O Herr, nimm unsre Schuld *(GL 273, 1–4)*
Meine engen Grenzen *(GL 437, 1–4)*

### ▓ Lesung *(LJ A: Eph 5, 8–14; LJ B: Eph 2, 4–10; LC: 2 Kor 5, 17–21)*

### ▓ Zwischengesang

Liebster Jesu, wir sind hier *(GL 149, 2–3)*
Aus tiefer Not schrei ich zu dir *(GL 277, 3–4)*

### ▓ Evangelium *(LJ A: Joh 9, 1–41; LJ B: Joh 3, 14–21; LJ C: Lk 15, 1–3.11–12)*

### ▓ Predigt *(siehe unten)*

### ▓ Credo

O heiligste Dreifaltigkeit *(GL 352, 1–3)*
Amen, amen *(GL 178(1), (2))*

## ▨ Fürbitten

*Lesejahr A:*
Das Evangelium erzählt von der Heilung des Blindgeborenen, dem Jesus die Augen öffnet. Bitten wir den Herrn, dass er auch uns die Augen öffne:
– *Stille* – Christus, Licht der Welt. A.: Öffne uns die Augen. *(nach jeder Bitte wiederholen)*

1. Für die Menschen, die blind sind für die Schönheit deiner Schöpfung.
2. Für die Menschen, die nur auf ihre eigene Sicht der Dinge fixiert sind.
3. Für die Menschen, die das weltweite Elend nicht sehen wollen oder können.
4. Für die Menschen, die keinen Ausweg sehen aus ihren persönlichen Nöten.
5. Für die Menschen, die kurzsichtig nur ihren eigenen kurzfristigen Vorteil sehen.
6. Für die Menschen, die vor dem Dunkel des Todes, das Licht des Lebens nicht sehen.

*Oder:*
Wir wollen in dieser für Glaube und Kirche krisenhaften Zeit Fürbitte halten und Gott um seinen Rat und sein Geleit für uns alle bitten:
Wir wollen nach jeder Bitte eine Zeit der Stille halten.

1. Wir halten ein stilles Gedenken für die Menschen, die ihren Weg im Leben oder das Ziel ihres Lebens suchen. – *Stille* –
2. Wir halten ein stilles Gedenken für die zahllosen vertriebenen, umgebrachten Christen in Nigeria, im Sudan, in Syrien, im Iran und Irak. – *Stille* –
3. Wir halten ein stilles Gedenken für das in Hunderten von Millionen zu zählende Heer der Hungernden und Ausgebeuteten dieser Erde. – *Stille* –
4. Wir halten ein stilles Gedenken für die vielen Millionen Flüchtlinge vor Krieg, wirtschaftlicher Not, rassistischen und ethnischen Konflikten. – *Stille* –
5. Wir halten ein stilles Gedenken für unsere Kranken, Sterbenden und Toten. – *Stille* –

Gott, du willst, dass wir das Leben haben und es in Fülle haben. Darum bitten wir durch Christus unsern Bruder und Herrn. Amen.

## Gabenbereitung

Wer nur den lieben Gott lässt walten *(GL 424, 1 u. 3)*
Nimm, o Gott, die Gaben, die wir bringen *(GL 188, 1–3)*

## Sanctus

Erde singe, dass es klinge *(GL 411, 1–2)*
Lobt froh den Herrn, ihr jugendlichen Chöre *(GL 396, 3–4)*

## Agnus Dei

O Jesu, all mein Leben bist du *(GL 377, 1–2)*
Unser Leben sei ein Fest *(Tr 90; GL-Eigenteil, 1–3)*

## Gebet nach der Kommunion

Herr, unser Gott, im gebrochenen und ausgeteilten Brot haben wir dich empfangen. Im weitergesagten mitgeteilten Wort teilst du dich mit als Gottes rettendes und tröstendes Wort. In der zugewendeten geschenkten Zeit erfahren wir dich als Zeitgenosse unseres Lebens. Im Raum, den wir dir einräumen, lebst du mit uns, bist du uns Lebensgefährte.
Herr, in Raum und Zeit, in Wort und Brot verbindest du dich mit unserer Welt und mit unserem Leben. Und so bist du in dieser Welt der Bote der kommenden Welt, der Welt, die Leid und Tod überwunden hat. Darauf hoffen wir. Amen.

*Oder:*
Allmächtiger, ewiger Gott, in deinem Sohn, Jesus Christus, gehst du uns Menschen entgegen. Wir sind in unserem Leben so oft auf Abwege, Umwege und Irrwege geraten, aber du gehst uns nach und kommst uns entgegen. Deine geduldige und barmherzige Nähe in Jesus Christus macht aus unseren Abwegen, Umwegen und Irrwegen Heimwege zu dir, unserem Gott und Vater. Lass uns alle am Ende unserer Lebenswege Geborgenheit und Heimat finden und schon jetzt die Lebensfreude, deren Quelle du selber bist. Darum bitten wir …

## ■ Schlusslied

Herz Jesu, Gottes Opferbrand *(GL 371, 2–3)*
Wer nur den lieben Gott lässt walten *(GL 424, 1, 2, 5)*

## ❖ Predigt *(besonders zu LJ A: Joh 9,1–41)*

### Die Kritik des Tun-Ergehen-Zusammenhangs

Immer wieder taucht die Frage auf, ob der Mensch an seiner Krankheit, an seinem Leid nicht selbst schuld sei. Schon die alte und auch die neuere Medizin wissen von einem Tun-Ergehen-Zusammenhang und bringen ihn in durchaus moralisierender Weise zu Ausdruck. Dass der Bewegungsfaule, Übergewichtige zum Schlaganfall oder zum Herzinfarkt neigt, rechnet man in diesen Tun-Ergehen-Zusammenhang. Dass der schwere Trinker zielsicher auf die Leberzirrhose und der starke Raucher auf den Lungenkrebs zusteuern, sind weitere Beispiel des Tun-Ergehen-Zusammenhangs. Zwar gibt es vermutlich den hundertjährigen Kettenraucher und den hundertjährigen Sturztrinker, aber sie sind wohl doch eher die Ausnahme. Und wenn man also auch keine absoluten Gewissheiten für diesen Zusammenhang geltend machen kann, so untermauern doch immerhin relativ hohe statistische Wahrscheinlichkeiten diesen Tun-Ergehen-Zusammenhang. Und auch die positive Gegenprobe ließe sich statistisch erhärten. Der sich ausgewogen ernährende, auf Bewegung bedachte, der den Zigaretten-, den Drogen- und Alkoholmissbrauch meidende, normalgewichtige Mensch hat statistisch gesehen eine höhere Lebenserwartung als sein gegenteilig lebender Zeitgenosse.

Gleichwohl kann auch der vorbildlich gesundheitsbewusst Lebende vom Schlag, vom Infarkt, vom Krebs dahingerafft werden. Und diese »Ausrutscher« aus dem Tun-Ergehen-Zusammenhang sind die Totengräber für seine Allgemeingültigkeit. Eine derartige umfassende Tun-Ergehens-Gerechtigkeit ist nicht erkennbar – und ihr allenfalls statistischer Beleg für eine Mehrheit ist zugleich der statistische Beleg für eine Tun-Ergehens-Ungerechtigkeit für eine keineswegs kleine Minderheit. Es gibt Menschen, die verdienen nicht, was ihnen geschieht – und es gibt Menschen, denen geschieht nicht, was sie verdienen.

Jesus kritisiert das im damaligen Judentum weit verbreitete Selbstverschuldungs- und Vergeltungsdenken, das aus diesem Tun-Ergehen-Zusammenhang abgeleitet wurde, auf Schärfste:

Zwei Ereignisse, über die wir keine weiteren historischen Erkenntnisse haben, werden einigen Zeitgenossen Jesu zur Frage bezüglich eines Zusammenhangs von Leiden als Strafe für Sünden. Pilatus hatte einige galiläische Pilger wahllos herausgreifen und umbringen lassen, die ihre Opfertiere während des Paschafestes im Tempel darbrachten. Bei diesem Mord kam es – für jüdisch-kultische Vorstellungen besonders grässlich – auch noch zu einer Vermengung von Tier- und Menschenblut. Und das zweite Ereignis ist der Einsturz des Turmes am Teich von Schiloach im Südosten Jerusalems, der achtzehn Menschen unter sich begrub.

Jesus lässt als Interpretation dieser katastrophalen Ereignisse kein Vergeltungsdenken, sondern nur den existenziellen Warnhinweis gelten: Alle Menschen sind Sünder. Genauso plötzlich und unverhofft wie diese Menschen kann auch einen jeden anderen der Tod ereilen. Also gilt es, aus der Bekehrung, sprich der Hinwendung zu Gott und seinem Reich zu leben.

Eine weitere Stelle, aus der die Ablehnung des Tun-Ergehen-Zusammenhangs durch Jesus ersichtlich ist, ist die Heilung eines Blinden in Johannesevangelium (Joh 9). Der Umstand, dass dieser Mann von Geburt an blind war, veranlasst die Jünger zu der Annahme, dass die Blindheit nicht die Schuld dieses individuellen Menschen gewesen sein kann. Denn er hätte dann ja vorgeburtlich, gewissermaßen intrauterin – im Mutterleib – gesündigt haben müssen. Sie halten daher eine Art Sippenhaft, bei der die Kinder für die Schuld der Eltern mit Krankheit haften, für erwägenswert. Diese Perspektive ist auch uns heutigen Menschen nicht ganz fremd, wie z. B. die Fälle von Erblindungen Neugeborener zeigen, deren Mütter Alkoholikerinnen sind.

*»Rabbi, wer hat gesündigt? Er selbst? Oder haben seine Eltern gesündigt, so dass er blind geboren wurde? Jesus antwortete: Weder er selbst noch seine Eltern haben gesündigt, sondern das Wirken Gottes soll an ihm offenbar werden. (…) Solange ich in der Welt bin, bin ich das Licht der Welt.«* (Joh 9, 2–5)

Hier wird auch die Perspektivenverengung in der Deutung einer Krankheit aufgehoben. Es wird nicht mehr nur gefragt, auf welchen Unheilszusammenhang die Krankheit zurückverweist, sondern auf welchen Heilszusammenhang sie vorausverweist.

Über die wunderbare und zugleich verwunderliche Erzählung von der Heilung des Erblindeten hinaus, ist die Perikope im Joh 9 auch eine Erzählung von der Erblindung der angeblich Sehenden. Weil nicht sein kann, was nicht sein darf, macht sich unter den theologisch Weitsichtigen angesichts des offensichtlichen Heilshandelns eine Kurzsichtigkeit breit, die bis zur Heilsblindheit führt.

Nach Joh 9, 39 kommentiert Jesus sein heilendes Wirken, das zugleich die einen sehend und die anderen blind macht, so: *»Um zu richten, bin ich in diese Welt gekommen: damit die Blinden sehend und die Sehenden blind werden. Einige Pharisäer, die bei ihm waren, hörten dies. Und sie fragten ihn: Sind etwa auch wir blind? Jesus antwortete ihnen: Wenn ihr blind wärt, hättet ihr keine Sünde. Jetzt aber sagt ihr: Wir sehen. Darum bleibt eure Sünde.«*

Wo Krankheit und Schuld in einen derartig zwingenden Kausalzusammenhang gestellt werden – also, dass ein Kranker immer auch schuldig sein muss – da wird der Kranke von den Gesunden in die Einsamkeit und Verlassenheit entsorgt. Und zugleich wird der Gesunde implizit zum Schuldlosen und Gerechtfertigten geadelt, weil er ja den auf Schuld deutenden verräterischen Makel der Krankheit nicht an sich hat. Hier sucht die schulterklopfende Selbstrechtfertigung nach ihrer abschließenden Selbstimmunisierung. Und gerade dabei werden die, die sich für sehend halten, blind – und die, die man für blind hält, sind die wirklich Sehenden.

Es sind also weder die Gesundheit und leibliche Integrität eines Menschen ein Indiz für seine Erlesenheit, noch sind die Krankheit und der Tod ein Indiz für seine Verworfenheit vor Gott. Beides muss nach neutestamentlichem Zeugnis in einem umfassenden Sinn und Heil stiftenden Kontext interpretiert werden. Es ist mit dem Gott zu rechnen, der das Heil nicht nur an den vielen Zerschlagenen, sondern auch durch den einen Zerschlagenen wirkt. Es ist mit dem Gott zu rechnen, der den in das tiefste Unheil der Todesverlassenheit Gestürzten, nämlich Christus, selbst noch zum Heiland der nach umfassendem Leben dürstenden Menschen macht.

# Fünfter Fastensonntag (Misereor-Sonntag)

### ▉ Eingangslied

Aus tiefer Not ruf ich zu dir *(GL 283)*
Wer nur den lieben Gott lässt walten *(GL 424, 1 u. 3)*

### ▉ Einführung

*Lesejahr A:*
Das Evangelium vom heutigen Tag erzählt uns die Geschichte von der Auferwe-
ckung des Lazarus. Es ist das siebte, letzte und größte Zeichen Jesu nach dem
Johannesevangelium.
Einen Menschen aus dem Tode in dieses, unser Leben zurückzuholen, das ist ein
unglaubliches Zeichen. Lazarus aber wird einige Jahre später an einer Infekti-
onskrankheit oder einem Unfall dann doch gestorben sein. Wir Christen hoffen
auf mehr als nur einen »Nachschlag« für dies Leben.
Wir Christen glauben daran, dass Gott uns aus dem Tod nicht in unser altes,
endliches, dem Tod verfallenes Leben zurückholt, sondern dass er uns in sein
Leben hineinholt, in ein Leben, das Tod und Endlichkeit ein für allemal hinter
sich lässt.

*Lesejahr B:*
Im Mittelpunkt des heutigen Evangeliums steht das Wort Jesu: »*Wenn das Wei-
zenkorn nicht in die Erde fällt und stirbt, bleibt es allein. Wenn es aber stirbt,
bringt es reiche Frucht. Wer an seinem Leben hängt, verliert es; wer aber sein
Leben in dieser Welt gering achtet, wird es bewahren bis ins ewige Leben.*«
Das meint keine Geringschätzung dieses Lebens, wohl aber das Wissen darum,
dass noch ein Leben aussteht, ein Leben jenseits des Todes, ein Leben, das
gegenüber diesem Leben unvergleichlich ist. Das ist die paradoxe Logik des
Evangeliums: Schon dieses Leben ist Geschenk, das wir uns nicht selbst gemacht haben, sondern empfangen durften. Das Leben, das noch aussteht, das
vollendete, unvergleichliche Leben ist auch Geschenk. Wir erhalten es trotz Tod
und durch den Tod hindurch von Gott. Wer dieses endliche begrenzte Leben auf

Christus hin loslässt, empfängt das unendliche Leben, die Fülle des Lebens von Christus.

*Lesejahr C:*
In seinem Brief an die Philipper hat der Apostel Paulus etwas hinterlassen, das geradezu als sein Lebensprogramm angesehen werden kann:
*»Christus will ich erkennen und die Macht seiner Auferstehung und die Gemein-schaft mit seinen Leiden; sein Tod soll mich prägen. So hoffe ich auch zur Auf-erstehung von den Toten zu gelangen.«*
Diese Zeilen schreibt er vermutlich aus dem Gefängnis in Ephesus. Er hat in seiner Gefangenschaft Leiden und Tod vor Augen, aber er klagt nicht. Im Ange-sicht von Leiden und Tod setzt er ganz auf Christus und die den Tod endgültig überwindende Auferstehung.
Dieser von der Hoffnung getragene Weitblick des Glaubens, kann auch uns Lebenshilfe sein und eine Lebensperspektive über den Tod hinaus vermitteln.
*– Stille –*


## ◼ Kyrie

Meine engen Grenzen *(GL 437, 1–3, gebetet)*
Kyrie eleison *(GL 171)*


## ◼ Lesung *(LJ A: Ez 37, 12b–14; LJ B:Hebr 5, 7–9; LJ C: Phil 3, 8–14)*

## ◼ Zwischengesang

Ach, bleib mit deiner Gnade *(GL 436, 2–3)*
*LJ C:* Herr, dir ist nichts verborgen *(GL 428, 1 u. 4)*


## ◼ Evangelium *(Joh 11, 3–7.17.20–27.33b–45, Kurzfassung; LJ B: Joh 12, 20–33; LJ C: Joh 8, 1–11)*

## ◼ Predigt *(siehe unten)*

## Credo

Gott liebt diese Welt *(GL 464, 2 u. 4–6)*
Credo in unum Deum *(GL 122)*

## Fürbitten

Wir wollen miteinander in den Anliegen dieser einen Welt Fürbitte halten.
Christus, höre uns. – A.: Christus, erhöre uns. *(nach jeder Bitte wiederholen)*

1. Für alle, denen mit Nahrung, Kleidung, Wohnung, medizinischer Versorgung, Ausbildung und Arbeitsplatz das Nötigste zum Leben fehlt.
2. Für alle, denen das Recht auf politische, kulturelle und religiöse Selbstbestimmung vorenthalten wird, die unter der Unmenschlichkeit von Mitmenschen leiden.
3. Für uns alle, die wir im Rahmen weltweiter Ungerechtigkeit auch auf Kosten anderer eine relative Wohlstandsgesellschaft genießen.
4. Für alle, die es wagen nach deinem Wort zu leben, die im Schatten des Weltgeschehens unbemerkt und doch ermutigend das Gute tun.
5. Für die verfolgten Christen im Sudan, in Nigeria, im nahen Osten.
6. Für all unsere Kranken, Leidenden, Sterbenden und Toten.

Herr, lass uns dein Erbarmen erfahren und es durch unser Erbarmen erfahrbar machen. Darum bitten wir. Amen.

## Gabenbereitung

Kleines Senfkorn Hoffnung *(Tr 707; GL-Eigenteil, 1 u. 3)*
Jesus Christus, guter Hirte *(GL 366, 1–3)*

## Sanctus

Erde singe, dass es klinge *(GL 411, 1 u. 3)*
Heilig, heilig *(GL 127)*

## Nach der Wandlung

Wir preisen deinen Tod *(GL-Eigenteil; Tr 96, Kanon für 2 Stimmen)*

## Agnus Dei

Wo Menschen sich vergessen *(Tr 790; GL-Eigenteil, 1–2)*
Lamm Gottes *(GL 136)*

## Dank

*Orgelspiel*

*Oder Gebet:*
Herr, unser Gott, dein Wort im Ohr und im Herzen, Brot und Wein auf dem Tisch und du im Wort und im Sakrament ganz nahe und gegenwärtig – dafür wollen wir dir danken.
Lass uns dich von der sonntäglichen Feier in unsere alltägliche Arbeit mitnehmen, damit der Trost deines Wortes und die Kraft deines Sakramentes unser Leben wandeln und damit du alltäglich erfahrbar bleibst als der so nahe und so menschliche Gott. So bitten wir. Amen.

## Schlusslied

O Haupt voll Blut und Wunden *(GL 289, 1 u. 6)*
Jesus, dir leb ich *(GL 367)*

❖ **Predigt** *(zu Lesejahr A: Joh 8,1–11)*

## ▓ Die Ehebrecherin

Das Evangelium vom heutigen Tag führt uns die auf frischer Tat ertappte Ehebrecherin vor Augen und die sich über alle menschlichen Niederungen so erhaben und gut dünkenden Schriftgelehrten und Pharisäer.

Eigentlich ist der Fall klar: Das Gesetz des Mose hat für derartig gravierende Verfehlungen die Steinigung vorgesehen. Und die Schriftgelehrten und Pharisäer wären Manns genug gewesen, die Steinigung auch an Ort und Stelle durchzuführen.

Aber sie haben noch eine Nebenabsicht: Sie wollen diesen beim Volk so gefragten, aber die Tempelordnung störenden Wanderprediger und Lehrer Jesus hereinlegen. Sie wollen zwei Opfer, die Frau und Jesus.

Werfen wir einen Blick auf den konkreten Fall:

Zunächst fällt auf, dass der zum Ehebruch ja wohl erforderliche Mann bei der vorgesehenen Steinigung fehlt. Nach dem Gesetz des Mose muss auch der Mann gesteinigt werden, der eine mit einem anderen Mann verheiratete Frau verführt. Wenn die Frau nicht verheiratet war, der Mann aber wohl, dann lag kein Ehebruch vor. Männer konnten sich nach Lust und Laune anderen unverheirateten Frauen zuwenden, ohne ihre eigene Ehe zu brechen. Im Zweifel war es immer die böse, verführerische, fremde Frau gewesen, die die unbotmäßige Tat veranlasst hatte.

Die Frau eines anderen zu nehmen, war nach jüdischer Rechtsprechung auch beim Mann ein zu ahndendes Eigentumsdelikt. Und wenn die verheiratete Frau sich einem Anderen zuwandte, dann entfernte sie sich widerrechtlich aus dem Besitzverhältnis ihres Mannes und beging damit ihrerseits ein Eigentumsdelikt. Wenn diese Frau also eine Ehebrecherin war, dann muss sie selbst verheiratet gewesen sein. Dann aber war auch der mit ihr ertappte Mann ein ebenfalls zu bestrafender Ehebrecher. Wo aber ist der Mann? Es ist also offensichtlich: Hier wird nicht nur rechtlich mit zweierlei Maß gemessen, sondern das ohnehin höchst zweifelhafte Recht wird dabei obendrein auch noch gebrochen.

Spannend ist nun die Situation für Jesus. Die Pharisäer schleppen die Frau in die Mitte und fordern unter Berufung auf die höchste Autorität, auf Mose und sein Gesetz, die Steinigung der Frau. Wenn Jesus dem nicht zustimmt, ist er gegen Mose und das Gesetz, also selbst ein anklagbarer Gesetzesbrecher. Das wäre der beabsichtigte Nebeneffekt gewesen.

Wenn er der Steinigung aber doch zustimmt, dann kann er sich alle weiteren humanen Anwandlungen und Reden sparen, dann ist er beim Volk unglaubwürdig und erledigt.

Zuerst einmal lässt Jesus die Leute zappeln. Er macht gar nichts, außer mit dem Finger auf die Erde zu schreiben. Vielleicht will er den überhitzten Kessel etwas abkühlen lassen.

Aber dann konfrontiert Jesus diese Moralapostel mit sich selbst: *»Wer von euch ohne Sünde ist, werfe als erster einen Stein auf sie.«* Und wieder malt er mit dem Finger im Sand. Die moralische Empörung bricht in sich zusammen.

*»Als sie seine Antwort gehört hatten, ging einer nach dem Anderen fort, zuerst die Ältesten. Jesus blieb allein zurück mit der Frau, die noch in der Mitte stand.«* Es wirkt fast süffisant, wie Johannes darauf hinweist, dass die Ältesten zuerst gehen. Die Ältesten das waren im griechischen Urtext die Presbyteroi. Von diesem Wort leiten sich nicht nur die im evangelischen Bereich so genannten Presbyter ab, sondern auch die katholische Amtsbezeichnung Priester. In die heutige Situation übersetzt hieße das: Die Gemeindeleiter und die Priester gingen zuerst. Man sieht, nicht nur angesichts des Pädophilieskandals, dass das Evangelium hochaktuell ist und sich gelegentlich auch gegen seine Verkündiger wendet. Vielleicht ist das eine Warnung auch an die neuerdings zu außerkirchlichen Moralaposteln mutierten Pharisäer, die gestern noch (festgehalten sogar in Parteitagsbeschlüssen) die Propheten der sexuellen Libertinage waren.

Eigentlich steht hier nicht nur ein Ehebruch zur Verhandlung an, sondern auch das Verfügungsrecht des Mannes über die Frau und sogar die unmenschliche Strafbestimmung eines auf höchste mosaische Autorität gegründeten Gesetzes. Ganz ohne Sünde ist nur Gott. So steht eigentlich und letztlich nur ihm das Urteil über einen Menschen zu und nicht irgendeinem sich noch so honorig gebenden menschlichen Beurteilungsgremium.

Wichtig ist aber noch: Jesus lässt den Fall nicht in der Schwebe, er entscheidet ihn. Und ihm – als dem wirklichen Stellvertreter Gottes auf Erden – steht dieses Urteil zu. Zu der Frau sagt Jesus nicht: »Alles halb so schlimm«, oder: »Macht doch nichts« oder »Schwamm drüber« oder »Was Männer sich herausnehmen dürfen, steht den Frauen auch zu.« Jesus beschönigt ihren Ehebruch nicht. Er nennt die Sünde beim Namen. Er kann die Sünde nicht gutheißen, wohl aber den Sünder gut machen. Und so sagt er: »*Auch ich verurteile dich nicht. Geh und sündige von jetzt an nicht mehr.*« Ihm ist nicht an Bestrafung oder gar Sühneleistung gelegen, sondern an Verhaltensänderung, die aus der Vergebung resultiert. Und ganz offensichtlich traut er der Frau diese Verhaltensänderung auch zu.

Wir können uns in all diesen Rollen wiederfinden – als Moralapostel und als Sünder. Je nachdem sollten wir das Wort Jesu auf uns wirken lassen: »*Wer von euch ohne Sünde ist, werfe als erster einen Stein auf sie.*« und »*Auch ich verurteile dich nicht. Geh und sündige von jetzt an nicht mehr.*«
In diesem Evangelium erleben wir Menschlichkeit in geradezu göttlicher Souveränität. Menschlichkeit in Reinkultur. Wir sollten uns daher mit all unserer halbseidenen, verschatteten, zwielichtigen, korrumpierten Menschlichkeit an der Menschlichkeit orientieren, die von Gott kommt. Im umfassenden, wohltuenden Licht seiner Menschlichkeit werden unsere Dunkelheiten ausgeleuchtet, können wir aus dem Schlagschatten unserer Unmenschlichkeit heraustreten.

# Palmsonntag

## ▨ Eingangslied

Großer Gott, wir loben dich *(GL 380, 1–3)*
Ruhm und Preis *(GL 176(4); 635(5))*

## ▨ Einführung

Am Palmsonntag gedenken wir des Einzugs Jesu in Jerusalem. Dieser Tag sagt uns – quer durch alle Jahrhunderte –, dass der Weg vom »Hosianna« zum »Kreuzige ihn« nur sehr kurz ist. Das sieht man in harmloserer Form auf jedem Fußballplatz.

Aber unabhängig von allem »Hosianna« und allem »Kreuzige ihn«, wissen wir Jesus Christus in unserer Mitte und wann immer wir ihn brauchen, hilfreich an unserer Seite.

Das Angehimmelt-werden und das Verdammt-werden durch Menschen ist nicht entscheidend. Entscheidend ist, dass wir Jesus Christus in unserer Nähe wissen und mit ihm, gerade in dieser großen Woche, den Weg vom Tod zum Leben gehen.

*Oder:*

Die Fürsten und Kriegsherren dieser Welt reiten hoch zu Ross, mit Leibwächtern und bis an die Zähne bewaffnet durch die Weltgeschichte. Jesus, der Herr über die Herren, kommt unbewaffnet und ohne Leibwächter auf einem Esel nach Jerusalem. Nach dem Propheten Sacharja ist der Esel ein Symbol für den Friedensfürst.

An Jesus zeigt sich: Unser Gott ist ein menschlich entgegenkommender Gott. Öffnen wir uns für ihn und bereiten wir ihm einen (friedens-)fürstlichen Empfang in unserer Gemeinde und in unserem Denken, Fühlen und Tun.

## ■ Kyrie

Hosanna dem Sohne Davids *(GL 279)*
*Oder gesprochen:*
Herr, Jesus Christus, verehrt und gefeiert. Herr, erbarme dich unser.
Herr, Jesus Christus, verachtet und getötet. Christus, erbarme dich unser.
Herr, Jesus Christus, auferstanden und erhöht. Herr, erbarme dich unser.


## ■ Segnung der Palmzweige

*(Weihrauch und Weihwasser)*
Allmächtiger Gott, segne diese Palmzweige. *(Segnung)*
Sie sind ein Zeichen dafür, dass wir deinen Sohn, Jesus Christus, ehren wollen.
Wir wollen ihn mit offenen Armen und Herzen empfangen in unserem Ortsteil,
in unserer Gemeinde und in unseren Familien. Wir wollen Christus auf seinem
Lebens- und Leidensweg folgen. Wenn dieser Weg auch für uns ein Kreuzweg
wird, so sollen uns diese grünen Zweige ein Zeichen der Hoffnung sein. Denn
wir hoffen darauf, dass auch unser Weg durch Leiden und Tod und trotz Leiden
und Tod zur Auferstehung und zur Fülle des Lebens führt.


## ■ Lied

Singt dem König Freudenpsalmen *(GL 280, 1–2)*
Lobet und preiset, ihr Völker, den Herrn *(GL 408, Kanon für 3 Stimmen)*


## ■ Evangelium *(LJ A: Mt 21, 1–11; LJ B: Mk 1, 1–10; LJ C: Lk 19, 28–40)*

Wir wollen nun wie die Jünger und Apostel damals mit Christus ziehen und ihm
in unserer Mitte einen festlichen Empfang bereiten.


## ■ Lied zum Einzug in die Kirche

Singt dem König Freudenpsalmen *(GL 280, 3–4)*

■ **Lesung** *(Phil 2, 6–11; ggf. Diakon AGL 174 gesungen oder Lektor)*

■ **Zwischengesang**

O Haupt voll Blut und Wunden *(GL 289, 1)*
Erbarme dich meiner, o Gott *(GL 639(1))*

■ **Passionsgeschichte**

*(LJ A: Mt 27, 11–54, Kurzfassung mit verteilten Rollen;*
*LJ B: Mk 15, 1–39 Kurzfassung mit verteilten Rollen;*
*LJ C Lk 22, 14–23, 56 mit verteilten Rollen)*

*(1. Pause: ggf. Chor und Gemeinde im Wechsel GL 289, 2 u. 4)*
Du edles Angesichte, vor dem sonst alle Welt
Was du Herr, hast erduldet

*(2. Pause: ggf. Chor und Gemeinde im Wechsel GL 289, 5–6)*
Ich will hier vor dir stehen
Ich danke dir von Herzen

*(nach der Passion ggf. Chor und Gemeinde im Wechsel GL 289, 7–8)*
Wenn ich einmal soll scheiden
Erscheine mir zum Schilde

■ **Predigt** *(siehe unten)*

■ **Credo**

*Gesprochen, oder:*
Ich glaube, Herr, dass du es bist *(GL-Eigenteil)*

## ▓ Fürbitten

Lachen und Weinen, Triumph und Niederlage liegen oft nahe beieinander. Heute schauen wir auf dich Jesus, als den Messias-König. In der kommenden Woche werden wir deinen schweren Weg mitgehen. Wir bitten dich:

*Oder:*
Herr, Jesus Christus, am Palmsonntag bist du in Jerusalem eingezogen und bist deinen Weg zu Ende gegangen bis zum Kreuzestod. Zu dir kommen wir mit unseren Bitten:

– *Stille* – Christus, du König der Völker. A: Wir bitten dich, erhöre uns. *(nach jeder Bitte wiederholen)*

1. Für alle, die im Dienst der Verkündigung stehen: dass sie selbst ergriffen sind von deiner Liebe und den Menschen die Hoffnung bezeugen, die von deinem Kreuz ausgeht.
2. Für alle, die dir auf dem Kreuzweg folgen, indem sie ungerecht verurteilt und verfolgt werden: dass sie im Blick auf deinen Leidensweg, Ermutigung und Stärkung finden.
3. Für alle, die in Hunger und Elend leben, die krank und dem Tode nahe sind: dass wir unsere Verantwortung als Christen wahrnehmen und wirklich nach Kräften helfen.
4. Für die Verstorbenen, an die wir uns erinnern, und für alle, auch die namenlos Verstorbenen aller Jahrhunderte: dass sie im Untergang ihres Lebens den Aufgang deines Lebens erfahren und darin die Fülle des Heils.

Herr, unser Gott, in dieser Woche gehen wir in Gedanken den Weg des Leidens und der Auferstehung deines Sohnes mit. Gib diesem Gedächtnis einen festen Platz in unserem Leben und lass uns auf dem Weg deines Sohnes bleiben, durch Kreuz und Leid zur Auferstehung. Darum bitten wir durch Christus, unsern Herrn.

## ▓ Gabenbereitung

O heilge Seelenspeise auf dieser Pilgerreise *(GL 213, 1 u. 4)*
Herr, du bist die Hoffnung, wo Leben verdorrt *(GL-Eigenteil, Strophen 1–2)*

## Sanctus

Macht weit die Pforten in der Welt *(GL 360, 1–2)*
Unser Leben sei ein Fest *(Tr 90; GL-Eigenteil; Strophen 1–2)*

## Agnus Dei

Wer leben will wie Gott auf dieser Erde *(GL 460, 1., 4–5; Vorsänger)*
O heilge Seelenspeise auf dieser Pilgerreise *(GL 213, 1 u. 4)*

## Danksagung

Also sprach beim Abendmahle *(GL 281, 1 u. 4)*
Was Gott tut, das ist wohlgetan *(GL 416, 1 u. 4)*

## Schlusslied

Komm, Herr, segne uns *(GL 451, 1–3)*
Suchen und fragen, hoffen und sehn *(GL 457, 1–3)*

## ❖ Zwei Predigten zum Palmsonntag

## Eine Eselei?

Sie hören heute eine tierische Predigt oder eine Einladung zur Eselei als Predigt. Was fällt Ihnen beim Stichwort Esel ein? Ein graues, störrisches, dummes Tier, dem man alles auflastet und aufhalst, so dass es fast unter den Lasten zusammenbricht? Ein Tier, dessen endloses Eselsgeschrei fernab aller Musikalität einen zur Verzweiflung bringen kann? Ein Tier, das genügsam und arbeitsam ist und mit dem unwegsamsten Gelände klarkommt? Ein Esel eben! Wer so viel arbeitet für so wenig Lohn und Dank, das muss ein Esel sein.

In allen vier Evangelien wird vom Einzug Jesu in Jerusalem berichtet. Und in allen ist dabei vom Esel die Rede – bei Markus und Lukas von einem Füllen, aber gemeint ist auch hier ein Eselsfüllen.

Der Tatort ist Jerusalem, die Stadt des jüdischen Königs. Aber der jüdische König Herodes ist unter den römischen Besatzern nur eine ziemlich machtlose Witzfigur, ein Schatten seiner selbst. Das Volk aber erwartet den König, der das römische Joch abwirft, der seinem Volk politisch, wirtschaftlich und militärisch wieder Größe und Ansehen gibt. Vielleicht stellte man sich einen mit großem Gefolge, mit Prunk und militärischer Macht vor, der hoch zu Ross in die zurück-eroberte Residenz Jerusalem einzieht.

Es hat in dieser politisch aufgeladenen Zeit Menschen gegeben, die erwarteten von Christus, dass er ein solcher Politmessias werden würde. In der Wallfahrts-zeit, wenn tausende Menschen nach Jerusalem zogen, dann war die Erwartung zum Bersten angespannt. Die römischen Besatzer mussten dann höllisch auf-passen. Wäre Jesus unter dem Palmwedel schwingenden Gejohle der Bevölke-rung hoch zu Ross in Jerusalem eingezogen, dann hätten die Römer ihn wohl abgefangen und vorsichtshalber aus dem Verkehr gezogen, damit sich daran kein Volksaufstand entzündet.

Aber so kommt er auf einem jungen Esel in die Stadt. Arglose und fromme Bibelausleger hatten wohl gemeint, Jesus sei müde gewesen von der langen Fußwallfahrt und habe sich deshalb einen Esel kommen lassen. Ich glaube das nicht. Jesus war ein großer Kenner seiner Heiligen Schrift, ein Kenner des Alten Testaments. Und er war politisch – aber nicht von dieser machtpolitischen Sor-te, die über Leichen geht.

So inszeniert er wenige Tage vor seiner Hinrichtung bei der Wallfahrtsankunft in Jerusalem eine Szene, die beim Propheten Sacharja (Sach 9, 9) steht. Als dieser zweite Teil des Buches Sacharja entstand, in den letzten Jahren des 4. vorchristlichen Jahrhunderts, hatten gerade die Reiterverbände des Alexander von Makedonien alles bis hinunter nach Ägypten erobert und unterworfen, wie die Römer zur Zeit Jesu. Und da kündet Sacharja vom Kommen des ersehnten Königs:

*»Juble laut, Tochter Zion! Jauchze, Tochter Jerusalem! Sieh, dein König kommt zu dir. Er ist gerecht und hilft; er ist demütig und reitet auf einem Esel, einem Fohlen, dem Jungen eines Lasttieres. (…) Er verkündet für die Völker den Frieden. (…) Seine Herrschaft reicht bis an die Enden der Erde.«*

Da wird ein Antikönig kreiert, einer der gerecht ist und nicht selbstgerecht, einer, der hilfreich ist und nicht ausbeuterisch, einer, der demütig ist und nicht herrschsüchtig, einer, der Frieden bringt und nicht Krieg, einer, dessen Reich allumfassend ist. Der fromme, mit der Heiligen Schrift vertraute Jude verstand diese Szene vom Einzug Jesu in Jerusalem so, wie es Sacharja gesagt hatte: Ja, ich bin ein König, aber ein König eben dieser ganz anderen Art. Ein König, der niemanden ausgrenzt und sein Reich nicht abgrenzt, weil es allumfassend ist.

Und die Menschen, die Jesus bejubeln bei seinem Eselsritt nach Jerusalem, haben verstanden und singen hochpolitisch: »Hosanna, dem Sohne Davids. Hosanna in der Höhe.« Ein Sohn Davids, das war die Ansage zur Thronbesteigung. In diesem Fall war das eine Thronbesteigung der anderen Art. Nicht königlich hoch zu Ross, sondern gerecht, demütig, hilfreich, friedliebend auf dem Esel der kleinen Leute. Seine erste öffentliche Audienz gibt er, nachdem man ihn von Pontius nach Pilatus gehetzt hat, nackt und am Kreuz, die Arme ausgebreitet für alle.

Aber was hat dies Ereignis von damals mit uns heute zu tun?
Ein ausgezeichneter Priester des Bistums Münster hat auf sein Primizbildchen und somit an den Beginn seines nun schon mehr als fünfzigjährigen Dienstes den Spruch gesetzt: »Bindet den Esel los; der Herr bedarf seiner!«
Und in einem Gebet vor Jugendlichen hat Dom Helder Camara, der Bischof von Recife und Fortaleza in Brasilien gebetet: »Lass mich dein Esel sein, Christus!« Ist das nicht eine ausgemachte Eselei, sich auf so etwas einzulassen?

Manche sind nicht wirklich, sondern nur mit dem Maul so dienstbare Esel, Maulesel eben. Kreuzungen aus Pferdehengst und Eselstute nennt man Maulesel, Kreuzungen aus Eselhengst und Pferdestute nennt man Maultier. Schreien können die genauso markerschütternd wie die anderen Esel.
Wer nur mit dem Maul ein Esel ist, ein Maulesel eben, der sollte wissen: Diese Tiere sind unfruchtbar, sie zeugen keinen Nachwuchs.
Manche übernehmen den Eselsdienst in der Hoffnung, sie würden dabei zum Goldesel und könnten, was man ihnen vorn hereinsteckt, hinten als Gold wieder herausdrücken, sozusagen Gold scheißen. Die verwechseln auch den Altar mit dem »Tischlein, deck dich« und das Evangelium mit einem Märchen. Und wenn die Dinge nicht so laufen, wie sie wollen, holen sie den »Knüppel aus dem Sack«.

Wir könnten der Esel sein, auf dem der gerechte, hilfreiche, demütige, fried-fertige König in seine Stadt einzieht. Aber wer sein I-A (zu Deutsch sein Ja) zu diesem Weg gibt, muss sich nicht wundern, wenn er von anderen auch für einen Esel gehalten wird, dem man aufbürden und aufhalsen kann, was sonst nie-mand tragen will.

Die Wege sind steinig, staubig, steil. Wir werden manche Eselsbrücke brauchen, um den Weg Jesu und des Evangeliums zu verstehen und zu gehen. Wir werden Ausdauer brauchen, um Christus zu den Menschen zu tragen. Wir werden grau vom Staub der Straßen und der Jahre. Aber das Ziel des Weges ist klar, nicht irgendein irdisches, sondern das himmlische Jerusalem, die Capitale, in der der gerechte, hilfreiche, demütige, friedfertige König regiert, die Stadt, die den Na-men Jerusalem wirklich verdient: Stadt des Friedens.


## ▉ Hosanna

In jeder heiligen Messe singen oder beten wir das Sanctus, das dreimal Heilig und anschließend das Benedictus, den Lobgesang auf den kommenden, den entgegenkommenden Gott. Sie haben sich sicher schon manchmal gefragt, was das soll, immer wieder in jeder Messe dieses stereotype Gebet. Der Palmsonntag erklärt es uns mit seinen Texten.

Alle synoptischen Evangelien berichten von der Huldigung am Eingang der Stadt Jerusalem. Jerusalem, das war die Stadt auf dem Berge, fast 800 Meter hoch. Wer von Jericho oder von Galiläa kam, der musste tausend Meter Höhen-unterschied überwinden. Der kam aus armseligen Dörfern und Hütten in eine aus Stein und auf Fels erbaute prachtvolle Stadt mit Tempelbauten und Palästen.

Jesus hält kurz vor seinem Ende seinen Einzug in Jerusalem, der Königsstadt. Und er weiß nach Auskunft der Evangelisten, dass sich sein Ende nähert; denn er hat gerade gegenüber seinen Jüngern seine schon dritte Leidensweissagung gemacht. Wer König werden wollte, der zog nach Jerusalem, der war König in Jerusalem und der dokumentierte es hier.

Ein König durfte überhaupt und insbesondere im Krieg Transportmittel requi-rieren. Jesus nimmt das Königsrecht der Requisition von Transportmitteln für sich in Anspruch. Aber sein Transportmittel ist ein Arme-Leute-Transportmittel, ein Esel.

Das heißt, dieser König hält seinen Einzug nicht hoch zu Ross, sondern auf einem Esel, noch dazu einem geliehenen Esel. Esel, so weiß man, sind ausdauernde aber auch störrische Tiere.

Und dann passiert dies in allen Evangelien bezeugte Ereignis. Die Leute rufen beim Einzug Jesu in Jerusalem (Mt 21, 9): »*Hosanna dem Sohne Davids! Gesegnet sei er, der kommt im Namen des Herrn. Hosanna in der Höhe.*«
Bei Matthäus schließt sich wie ein hoheitlicher Akt des neuen Königs die Tempelreinigung an. Und auch danach rufen, und zwar diesmal die Kinder nach der Tempelreinigung (Mt 21, 15): »*Hosanna dem Sohne Davids!*« Die Hohepriester und Schriftgelehrten erwarten, dass er das den Kindern untersagt.
Aber Jesus verteidigt gegen die Vorwürfe der »Hohepriester und Schriftgelehrten« die Jubelrufe der Kinder, indem er die Wortklauber mit den eigenen Waffen schlägt und auf dem Psalm 8, 3 verweist: »*Habt ihr nie gelesen: Aus dem Munde der Kinder und Säuglinge schaffst du dir Lob.*« Im zitierten Psalm 8 heißt es sogar noch schärfer: »*Aus dem Munde der Kinder und Säuglinge schaffst du dir Lob, deinen Feinden zu Trotz.*« Mit anderen Worten: Er bestätigt sein Königtum, das ihm durch das Volk und durch die Kinder angetragen wird. »Kindermund tut Wahrheit kund.«

Alle synoptischen Evangelien berichten von der Huldigung am Eingang der Stadt. Das Ausbreiten der Kleider auf dem Weg und das Abreißen der Zweige von den Bäumen hat Tradition in Israel bei der Königsinthronisation (2 Kön 9, 13 und Ps 118). Und der auf Jesus gemünzte Name des legendären Königs David war der Inbegriff einer messianischen Verheißung. Ein unterdrücktes Volk, das den großen rettenden König erwartet, witterte Morgenluft. Das ganze Szenario ist nicht weniger als eine Königsproklamation und -inthronisation.

Und doch: Die Königsstadt, das Einreiten in die Königsstadt, der Esel, die ganze spontane Improvisation einer Königsproklamation und Königsinthronisation durch eine hergelaufene Menschengruppe, alles das wirkt wie eine Persiflage auf das machtvolle Imponiergehabe wirklicher Krönungsfeiern. Denn bei denen wurde doch alles akribisch geplant, choreografisch einstudiert und imponierend zelebriert. Hier ereignet sich nichts als spontane Improvisation.
Matthäus (Mt 21, 5) und Johannes (Joh 12, 15) zitieren in ihrer Darstellung des Einzugs in Jerusalem den alttestamentlichen Prophetentext aus Sacharja 9, 9: »*Sagt der Tochter Zion: Siehe dein König kommt zu dir. Er ist sanftmütig und er*

*reitet auf einer Eselin – auf einem Fohlen, dem Jungen eines Lasttieres.«* Da wird ganz gegen die auf Glanz und Gloria gerichteten Erwartungen Israels ein machtloser armseliger König erwähnt.

In jeder heiligen Messe beten wir das »Sanctus«, das dreimalige Heilig, das allein Gott gilt. Aber immer mit dem Sanctus beten wir das Benedictus, das Segenswort für den, der in Gottes Namen und Auftrag kommt: »Hochgelobt sei, der da kommt im Namen des Herrn. Hosanna in der Höhe.«
Der da kommt in der Gestalt des demütigen, sanftmütigen, friedfertigen Königs, in der Gestalt des Königs der Kleinen, der Entrechteten, der Armen, das ist zugleich doch der Sachwalter des Kyrios, des Herrn der Welt, des Allherrschers – der Sachwalter Gottes.

Auch unser Lebens- und Pilgerweg geht nach Jerusalem, zum ewigen, zum himmlischen Jerusalem, zum himmlischen Hochzeits- und Königsmahl, wie es die uralten Hoffnungsbilder so verheißen.
Und wir sind eingeladen, mitzuziehen mit dem demütigen, sanftmütigen, friedfertigen König der Kleinen, der Entrechteten, der Armen. Wir sind eingeladen zu seinem himmlischen Hochzeits- und Königsmahl. Wir sind eingeladen mit kindlicher Freude teilzuhaben an seiner menschenfreundlichen Macht. In jeder heiligen Messe kommt er uns entgegen, wird er im Wort und besonders in Brot und Wein gegenwärtig, stärkt uns für den Weg zum himmlischen Jerusalem, lädt er uns ins himmlische Jerusalem.

Dieser König, der da in das ewige Jerusalem einzieht, tut das auf einem Esel. Auf die Frage, wofür der Esel nötig sei, heißt es bei zwei Evangelisten: *»Der Herr bedarf seiner«* (Mk 11, 3 und Lk 19, 31).
Eine Eselei, die uns mit Christus ins himmlische Jerusalem führt, die ist es wert, begangen zu werden. Ein Priester, der sein goldenes Jubiläum schon hinter sich hat, hatte seinerzeit auf sein Primizbildchen geschrieben: »Bindet den Esel los. Der Herr bedarf seiner.« Wenn Ihnen die Hosianna- und Jubelrufe und das Blumenstreuen auch fernliegen – zur Eselei, den Herrn nach Jerusalem zu begleiten, sollten Sie aber auf jeden Fall Ihr I-A, Ihr Ja sagen.

# Gründonnerstag

■ **Eingangslied**

Singt dem König Freudenpsalmen *(GL 280, 1, 3–4)*
Wir rühmen uns im Kreuz *(GL 305)*

■ **Einführung**

Wir feiern miteinander den Gründonnerstag: die heilige Messe vom Letzten
Abendmahl in Erinnerung an Jesu Vermächtnis. Zwei Zeichen gibt Jesus am
Vorabend seines Todes den Jüngern und uns als Vermächtnis mit: Das Brechen
des Brotes und das Waschen der Füße. Damit die erhebende Liturgie nicht zu
einer abhebenden Liturgie wird, muss sie eng mit der niedrigen, manchmal als
erniedrigend empfundenen Hand- und Drecksarbeit verbunden bleiben. Diese
Zeichen gehören zusammen. Wenn das Teilen des eucharistischen Brotes und
das Waschen der dreckigen Füße der Menschendienst Gottes sind, dann kann
und darf der Gottesdienst des Menschen nicht auf das Erhebende der festtäg-
lichen Liturgie und nicht auf das manchmal Erniedrigende des alltäglichen
Dienstes verzichten.

■ **Kyrie**

Herr Jesus, Sohn des lebendigen Gottes *(GL 163(1), Vorsänger)*
Der in seinem Wort uns hält *(GL 164)*

■ **Gloria**

Großer Gott, wir loben dich *(GL 380, 1, 5 u. 8–9)*
Allein Gott in der Höh *(GL 170)*
*(Glocken, Klingeln, fulminantes Orgelspiel, danach Schweigen der Orgel!)*

## ▪ Lesung *(Ex 12,1–8.11–14)*

*Einleitung:*
Das Paschafest war ein uraltes Hirtenfest. Das Volk des alten Bundes feiert es zur Erinnerung an den Auszug aus Ägypten. Für jede Generation wird das Ereignis der Befreiung aus der Knechtschaft neu gegenwärtig – auch wir hören diese Lesung als Menschen, die von Gott aus aller Knechtschaft erlöst worden sind.

## ▪ Zwischengesang

Gottheit tief verborgen *(GL 497, 1–2)*
Der Kelch, den wir segnen *(GL 305(3))*

## ▪ Lesung *(1 Kor 11,23–26)*

## ▪ Ruf vor dem Evangelium

Christus Erlöser *(GL 305(2))*

## ▪ Evangelium *(Joh 13,1–15)*

*Einleitung:*
Wir hören von Jesu unfassbar großer Liebe zu uns – Liebe bis zur Vollendung, Liebe bis in den Tod:

## ▪ Gesänge zur Fußwaschung

Also sprach beim Abendmahle *(GL 281)*
Wo die Güte und die Liebe *(GL 442)*
Ubi caritas *(GL 445)*
Ich will dir danken, weil du meinen Namen kennst *(GL 433, Kanon für 3 Stimmen)*

## ■ Fürbitten

In der Stunde des Abschieds hat Jesus für seine Jünger gebetet. Seinem Gebet wollen wir uns anschließen.

Nach jeder Bitte wollen wir rufen: ... bestärke uns, Herr! *(nach jeder Bitte wiederholen)*

1. In der Bereitschaft zur Hingabe, auch ohne Spekulation auf eine Gegengabe ...
2. In der Fähigkeit zum Mitleid ohne weinerliches Selbstmitleid ...
3. In der Lebenshoffnung, die die Hoffnungslosigkeit des Todes sprengt ...
4. In der Fähigkeit, unser Brot zu teilen ohne Angst um die eigene Zuteilung ...

Bestärke uns, Herr, wo immer wir verzagen und verzweifeln im Glauben an dich, der das Gute bewirkt und vollendet. So bitten wir durch Christus, unsern Bruder ...


## ■ Gabenbereitung

Also sprach beim Abendmahle *(GL 281, 1–2)*
Beim letzten Abendmahle *(GL 282)*


## ■ Sanctus

Macht weit die Pforten in der Welt *(GL 360, 1–2)*
Lasst uns erheben Herz und Stimm *(GL-Eigenteil)*


## ■ Agnus Dei

Wo zwei oder drei *(Tr 95; GL-Eigenteil, Kanon für 2 Stimmen)*
Lamm Gottes *(GL 205)*

## ■ Kommunion

Gottheit tief verborgen *(GL 497, 3, 5 u. 7)*

## ■ Übertragung des Allerheiligsten

Preise, Zunge, das Geheimnis *(GL 493)*

## ■ Einladung zur stillen Anbetung

Das Wort des von Todesangst gepeinigten Jesus an seine schlafenden Jünger – »Könnt ihr nicht eine Stunde mit mir wachen? Betet, damit ihr nicht in Versuchung geratet.« – ist auch eine Mahnung an uns. Manchmal müssen wir an Kranken- und an Sterbebetten wachen; und einmal liegen wir selber darauf. Das Wachen und Beten ist ein Dienst der Menschlichkeit, der uns und die uns Anvertrauten mit Gott verbindet. Ein anderer Dienst der Menschlichkeit ist, einen Menschen gerade auf seinem schwersten Weg zu begleiten, durch die Qual und Erniedrigung und bis hinein ins Sterben. Wir wollen mit dem gequälten, erniedrigten und dem Tode preisgegebenen Jesus auf dem Weg bleiben.

## ■ Aussetzung und sakramentaler Segen

Tantum ergo *(GL 496, 1–2)*

## ■ Schlusslied

Im Frieden dein, o Herre mein *(GL 216, 1–3)*

# Karfreitag

## Einzug in Stille

*Priester und Messdiener knien auf den unteren Altarstufen und beten zunächst einige Minuten in Stille.*

## Gebet des Priesters *(laut)*

Herr, unser Gott, du bist der unerforschliche Schöpfer und Erhalter dieser Welt und doch bist du nicht in unendliche, unerreichbare und leidlose Menschenferne entrückt.

Du hast dich deiner Schöpfung und deiner Menschheit als Mitmensch erfahrbar gemacht, zugleich ergreifend, greifbar und angreifbar in Jesus Christus.

Du, der Ewige, bist eingetreten in unsere Zeit, bist unser Zeitgenosse geworden, um uns deine Ewigkeit zu erschließen.

So bist du in Jesus Christus solidarisch geworden mit aller dem Leiden und Sterben unterworfenen Kreatur, mit der dem Leiden und Sterben unterworfenen Menschheit.

Du, der Schuldlose, hast in Christus die menschliche Schuld auf dich genommen. Du, der Unsterbliche, hast menschliches Sterben bis zum Tod durchlitten.

Lass uns wie Christus im Vertrauen auf dich und deine rettende Nähe, Leiden, Sterben und Tod überwinden, um so teilzuhaben an seinem vollendeten Leben. So bitten wir durch ihn ...

## Einführung in den Gottesdienst

Liebe Gemeinde, Weihnachten ist das Lieblingsfest der Deutschen, auch derer, die nicht an die Geburt Gottes in Jesus Christus glauben. Weihnachten ist so schön anheimelnd, das winterliche Dunkel, die warme Stube, das neugeborene Kind, die schönen Geschenke, die Kerzen, der Tannenbaum, die Krippe usw. Wir feiern an Weihnachten: Gott kommt uns nahe, er wird Mensch in Jesus Christus. Inkarnation, Fleischwerdung sagt die Theologie dazu.

Aber, was Weihnachten wirklich heißt, was es in letzter Konsequenz bedeutet, das sagt uns erst der Karfreitag. Der Gott, der uns nahe gekommen ist, macht sich angesichts des menschlichen und unmenschlichen Leidens und Sterbens keinen schlanken Fuß. Die Abgründe des Leidens umkurvt er nicht mit berührungsloser Eleganz. Er steht bei uns und zu uns, er steht also auch mitten im Leid mit uns und für uns, und er durchsteht das Leid für uns und mit uns.

Gott, der uns an Weihnachten nahe gekommen ist, der bleibt uns nahe als Mensch in Jesus Christus auch am Karfreitag. Er bleibt uns nahe bis hinein in die Sterbensängste und Sterbensnöte, bis hinein in die Nacht des Todes. Die letzte innerweltliche Konsequenz von Weihnachten ist Karfreitag. Das Holz der Krippe und das Holz des Kreuzes gehören zusammen. Sie stammen vom selben Baum aus dem Wurzelgrund der Unmenschlichkeit. Und doch ist dieser Weg Jesu kein Holzweg, sondern ein Heilsweg. Am Karfreitag begehen wir die umfassende Solidarität Gottes mit dem Menschen.

## ▉ Hinweise zum Verlauf

Die Beschäftigung mit dem Leiden Jesu ist nicht unterhaltsam und kurzweilig. Es wäre gut, wenn Sie sich Zeit und Ruhe gönnen, um sich auch innerlich darauf einzulassen. Dann nämlich ist sie auch nicht langweilig. Nur wer die Passionsgeschichte auch in sich hinein lässt, wird an ihr lernen, dem Bild des Todes standzuhalten und der ungeschminkten und ungeschönten Wirklichkeit menschlichen Daseins ins Auge zu sehen.

Im ersten Teil, dem Wortgottesdienst, hören wir Lesungen des Alten und des Neuen Testaments und die Passionsgeschichte. Daran schließen sich die Großen Fürbitten an.

Im zweiten, kürzeren Teil folgt die Kreuzverehrung.

Den dritten Teil bildet die abschließende Kommunionfeier.

## Teil I – Wortgottesdienst

### ▉ 1. Lesung *(Jes 52, 13–53, 12)*

*Einleitung:*

In seinen Gottesknechtsliedern beschreibt Jesaja die Leidensgeschichte einer geheimnisvollen prophetischen Gestalt. Vieles an ihr, z.B. wer dieser Gottesknecht ist, wann er gelebt hat, bleibt im Dunkel. Seit Jesus Christus erscheint diese Gestalt aber in einem anderen Licht, so wie wenn Jesaja schon auf ihn hätte hinweisen wollen.

## ▨ Lied

Herr, auf dich vertraue ich *(GL 665(1))*
Wer leben will wie Gott auf dieser Erde *(GL 460, 1 u. 4–5, Vorsänger)*

## ▨ 2. Lesung *(Hebr 4, 14–16; 5, 7–9)*

*Einleitung:*
Der Hebräerbrief sieht in Jesus Christus den Hohepriester, den Mittler zwischen Gott und Mensch. Aber dieser Mittler hat alle Tiefen und Gefährdungen menschlicher Existenz durchschritten. Er hat gelernt, Gottes Willen ganz und gar zu bejahen. In der Orientierung an ihm, verliert der Mensch auch im Dunkel des eigenen Todes nicht die Richtung, die zum Gott des Heils und des Lebens führt.

## ▨ Lied

Christus war für uns gehorsam bis zum Tod *(GL 287)*

## ▨ Das Leiden unseres Herrn Jesus Christus nach Johannes *(Joh 18, 1– 19, 42, gekürzt und in 4 Abschnitte unterteilt)*

*Einleitung:*
Anders als die Passionserzählungen in den Synoptischen Evangelien (Matthäus, Markus, Lukas) stellt der Evangelist Johannes Jesus Christus als den bis in den Tod hinein souveränen Herrn und Erlöser dar. Auch das Grauenvolle der Hinrichtung, das Johannes nicht ausspart, nimmt Jesus, dem Christus, d.h. dem

Gesalbten Gottes, nichts von seiner Größe und Würde. Darum ist auch noch sein letztes Wort die Besiegelung dessen, wofür er gelebt hat, nämlich die Erfüllung des Heilswillens Gottes an der in Sünde und Tod verstrickten Menschheit. Und so sagt er: »Es ist vollbracht!«

## ▦ 1. Abschnitt *(Joh 18, 1–3.12–24)*

## ▦ Lied

O Haupt voll Blut und Wunden *(GL 289, 1–2)*

## ▦ 2. Abschnitt *(Joh 18, 28–31a.38b–19, 5)*

## ▦ Lied

O Haupt voll Blut und Wunden *(GL 289, 4–5)*

## ▦ 3. Abschnitt *(Joh 19, 16a–22.28–30)*

*anschließend stilles Gebet*

## ▦ Lied

O Haupt voll Blut und Wunden *(GL 289, 6–7)*

## ▦ 4. Abschnitt *(Joh 19, 31–37)*

## ▦ Lied

O Haupt voll Blut und Wunden *(GL 289, 8)*

■ **Predigt** *(siehe unten)*

■ **Überleitung zum Fürbittgebet**

Der Karfreitag ist nicht nur der Tag des Leidens und Sterbens Jesu. Er ist zugleich der Tag der Solidarität Gottes mit allen, die heute zu Kreuze kriechen müssen, mit allen, die heute aufs Kreuz gelegt werden, mit allen, deren Lebenskreuzweg tödlich endet.

Die letzten Worte eines Menschen sind uns oft besonders wertvoll und teuer. Alle vier Evangelisten berichten über den dreistündigen Todeskampf Jesu am Kreuz. Aber sie überliefern unterschiedliche Worte.

Das erschütternde Wort Jesu, das uns Matthäus überliefert »Mein Gott, mein Gott, warum hast du mich verlassen?« könnte einen zweifeln und verzweifeln lassen an Gott und seiner Gegenwart. Das letzte Wort Jesu, das uns Johannes überliefert, lautet: »Es ist vollbracht.« Es zeigt ihn in tiefer Übereinstimmung mit dem Willen Gottes. Aber beide Worte stammen aus dem Psalter, aus dem Gebetbuch der Juden und der Christen.

Das zeigt uns, dass alle Verzweiflung und alle Hingabe im Gebet vor Gott ihren Platz haben und gut aufgehoben sind. Wer den letzten Weg mit dem Beter Jesus geht, der übt sich darin ein, auch den eigenen letzten Weg betend Gott entgegenzugehen. Der übt sich darin ein, andere betend vor das Angesicht Gottes zu begleiten.

Lernen wir im Mitgehen mit Christus, wie er selbst den unmenschlichen Kreuzweg zum Heilsweg gemacht hat. Und lernen wir, uns in allen Lebenslagen betend dem menschenfreundlichen Gott anzuvertrauen.

■ **Die Großen Fürbitten**

*Jeweils nach dem Part des Lektors folgt GL 181/ 1 (Lasset zum Herrn uns rufen), vom Vorsänger angesungen.*

P.: In den großen Fürbitten des Karfreitags tragen wir die Nöte und Ängste der Zeit, die Sorgen und das Leid der Menschen, die Not der ganzen Schöpfung vor Gott hin. Er hat ein offenes Ohr und ein mitfühlendes Herz für uns.

L.: Lasst uns beten, Schwestern und Brüder, für die Kirche Gottes: dass es ihr gelingt, so zu werden, wie Jesus Christus sie gewollt hat; dass sie unterschiedlichen Menschen und Meinungen Raum und Heimat gibt; dass sie ein Ort lebendiger Hoffnung und tatkräftiger Liebe ist.

Lasset zum Herrn uns rufen ...

P.: Allmächtiger Gott, als Gemeinschaft der Glaubenden hast du die Kirche geschaffen. Sie soll das Kommen des Reiches Gottes verkünden und die Nähe des Reiches Gottes schon jetzt erfahrbar machen. Segne deine Kirche weltweit und segne unsere Pfarrgemeinde hier am Ort, damit sie deinen Zuspruch erfährt und deinem Auftrag und Anspruch gerecht werden kann. Darum bitten wir durch Christus, unsern Herrn.

L.: Lasst uns beten für alle die Verantwortung in dieser Kirche tragen, für unsern Papst N.N. (und den emeritierten Papst N.N.), für unsern Bischof N.N., aber auch für die zahllosen Männer und Frauen, die haupt- und ehrenamtlich Kraft, Zeit und Geld investieren, damit Heilung und Heil schon jetzt erfahrbar werden.

Lasset zum Herrn uns rufen ...

P.: Allmächtiger Gott, schenke den Glaubenden und den Zweifelnden deinen Heiligen Geist. Lass die Verantwortlichen der Kirche aus deiner Geistesgegenwart leben und handeln. Lass die Freude über Deine Nähe und die Hoffnung auf deine Vollendung schon jetzt ihr Denken, Reden und Tun prägen.

L.: Lasst uns beten für alle, die sich auf den Empfang der Sakramente vorbereiten: für unsere Täuflinge und Kommunionkinder, für die Kinder und Jugendlichen, die das Sakrament der Buße und der Firmung empfangen, für die Brautpaare, die einander das Ehesakrament spenden, für die, die durch Krankheit und Alter ans Ende ihres Lebens gekommen sind und die Krankensalbung empfangen, für die, die einen geistlichen Beruf ergreifen wollen. Schenke ihnen die Erfahrung deiner Nähe.

Lasset zum Herrn uns rufen ...

P.: Allmächtiger Gott, in den Zeichen der Sakramente suchst du unsere leibliche und seelische Nähe. Du stärkst und richtest auf, du mahnst und fragst, du tröstest und ermutigst. Lass uns deine heilende Nähe in der Zeit erfahren und erfahrbar machen, und schenk uns am Ende unserer Zeit dein Heil in der Vollendung.

L.: Lasst uns beten für die getrennten Christen, Katholiken, Protestanten, Orthodoxe und Freikirchen: dass ihnen das Beschämende der Spaltung im Glauben bewusst bleibt; dass sie sich deiner Forderung nach Einheit stellen; dass sie mit deinem heiligen und kreativen Geist Wege zur Einheit finden und mutig begehen.

Lasset zum Herrn uns rufen …

P.: Allmächtiger Gott, leite deine Kirche auf dem Weg, der du selber bist. Führe sie zu der Wahrheit, die du selber bist; schenke ihr das Leben, das du selber bist. Lass die Kirchen durch dich – den Weg, die Wahrheit und das Leben – zur Einheit finden.

L.: Lasst uns beten für alle, die politische Macht haben, in den Parlamenten, in den Regierungen, in der UN und der EU und anderen internationalen Gremien: Lass sie erkennen, dass sie kein Recht haben, um eigener und machtpolitischer Interessen willen Menschen zu tyrannisieren und auszubeuten, zu vertreiben und zu töten. Lass sie erkennen, dass sie den Menschen zu dienen haben.

Lasset zum Herrn uns rufen …

P.: Allmächtiger Gott, du bist weit erhaben über alle weltliche und geistliche Macht, über Päpste und Bischöfe, über Präsidenten, Parlamentarier und politische Repräsentanten, über Despoten und Diktatoren. Gott, du bist der Herr der Zeit und der Herr über alle Zeit. Lass die Mächtigen dieser Welt erkennen, dass sie spätestens vor dir eine ernste Rechenschaft ablegen müssen. Und lass sie im Wissen darum ihr politisches Handeln menschlich gestalten.

L.: Lasst uns beten für die Menschen in Not, die in Todesnot, in Kriegsnot und Hungersnot, die in der Not sozialer Vereinsamung und in der Not religiös begründeter Verfolgung, in der Not wirtschaftlicher Ausbeutung, für die in der Not rassistischer Herabsetzung und in der Not politischer Verfolgung, für die in der Not menschlicher und beruflicher Missachtung. Hilf uns in Menschlichkeit, mit Tatkraft und Sensibilität die Not nach Kräften zu lindern.

Lasset zum Herrn uns rufen …

P.: Allmächtiger Gott, in deinem Auftrag sollen und können wir Not wenden und lindern. Du erachtest uns für notwendig zum Heil der Welt. Lass uns erkennen, dass du unsere Gottesliebe an der Nächstenliebe misst und uns durch die Nächstenliebe zur Gottesliebe befähigst. Lass uns dankbar erkennen, dass du uns dazu würdigst, an deiner Vollendung der Welt mitzuwirken.

L.: Lasst uns beten für diese uns Menschen anvertraute Schöpfung: für die Bodenschätze, die wir heben dürfen, für die Schönheit und Vielfalt im Reich der Pflanzen, die wir nutzen und genießen dürfen, für das weithin unerforschte Reich der Tiere, von denen und mit denen wir leben dürfen. Lass uns mit deiner Schöpfung verantwortlich und menschlich umgehen, damit wir sie unzerstört in ihrer Schönheit und ihrem Reichtum unseren Nachkommen weitergeben können.

Lasset zum Herrn uns rufen …

P.: Allmächtiger Gott, du hast uns deine Schöpfung anvertraut. Sie birgt in sich die Spuren ihres Schöpfers. Lass uns in der Erforschung und Nutzung der Schöpfung dieser Spur folgen und dabei dir, ihrem Schöpfer, begegnen. Lass uns im Menschen, den du gewürdigt hast, dein Abbild in der Welt zu sein, auch dein verborgenes und doch so nahes Angesicht sehen.

L.: Lasst uns beten für die Menschen, mit denen wir leben: für unsere Eltern und Kinder, für unsere Ehepartner und Freunde, für unsere Verwandten, für unsere Arbeitskolleginnen und -kollegen, für unsere Mitstudenten und

Gottesdienste für die Fasten- und Osterzeit

unsere Mitschüler. Lasst uns beten für all die vielen Menschen, die uns tragen und uns zu tragen geben.

Lasset zum Herrn uns rufen …

P.: Allmächtiger Gott, du führst uns in Menschlichkeit und Freiheit zur Einheit und Vollendung deines Reiches. Lass uns nach den Mühen und Nöten dieser Zeit miteinander teilhaben an der Freude und Fülle deiner Ewigkeit. Darum bitten wir durch Christus, unsern Bruder und Herrn. Amen.

## Teil II – Kreuzverehrung

*Abholen des verhüllten Kreuzes in einer Prozession.*

### ■ Lied

Im Kreuz ist Heil, im Kreuz ist Leben, im Kreuz ist Hoffnung *(GL 296)*
Ecce lignum *(GL 308(2) dreimalig)*
*Der Priester singt vor. Gemeinde bzw. Chor antworten.*

### ■ Hinführung zur Kreuzverehrung

Keiner von uns kann der Kreuzeserfahrung im eigenen Leben entgehen; vieles, was man sich sehnlich erwünscht, wird einem durch andere oder durch problematische Umstände durchkreuzt. Manche Wege werden durch eigene Schuld oder durch eigenes Unvermögen zu Kreuzwegen.
Manchmal sind wir es, die im Leben anderer schuldhaft oder unschuldig Kreuze aufrichten. Wenn wir nun das Kreuz verehren, wollen wir nicht Leid und Elend glorifizieren. Wir sind und bleiben vielmehr aufgerufen das abschaffbare Leid auch abzuschaffen, wenigstens nach Kräften zu lindern.
Der Arzt, Priester und Dichter Angelus Silesius (1624–1677), sagt in seinen Distychen aus dem Cherubinischen Wandersmann:

*Das Kreuz von Golgatha kann dich nicht von dem Bösen,*
*Wo es nicht auch in dir wird aufgericht't, erlösen.*

*Gott selber, wenn er dir will leben, muss ersterben:*
*Wie denkst du ohne Tod sein Leben zu ererben?*

Aber wenn wir das Kreuz verehren, verehren wir im Grunde den, durch den selbst der Kreuzweg ein Weg zum Leben geworden ist. Wir verehren Christus, den Gekreuzigten, weil er durch seine Auferstehung selbst den Kreuzweg zum Lebensweg gemacht hat.
Als Zeichen unserer Hoffnung stellen wir ein Licht vor das Kreuz und sagen Dank für das Licht, das durch Christus auch auf das Dunkel unserer Lebens- und Leidenswege fällt.
Reinhold Schneider sagt: »Es ist der große Augenblick im Leben eines Menschen, da Gottes Wille den seinen kreuzt.« Nutzen wir diesen großen Augenblick, in dem er unseren Weg kreuzt, den Augenblick der Begegnung mit dem Gekreuzigten, der doch der Gott des Lebens ist.

*Durchzug durch den Mittelgang, Entgegennahme des Opferlichts und Entzünden an den Altarkerzen auf dem bereitstehenden Tischchen.*


## ▩ Lied

O du hochheilig Kreuze *(GL 294, alle Strophen)*
Durch Christi Wunden sind wir geheilt *(GL 639(7), (8) mit Vorsänger und bei Bedarf)*


## Teil III: Kommunionfeier

*Übertragung des Ziboriums vom Tabernakel zum Zelebrationsaltar (Lichtträger).*


## ▩ Lied

O Jesu, all mein Leben bist du *(GL 377)*

## Schuldbekenntnis

*Gemeinsam:* Ich bekenne …

Herr, wir bekennen, dass wir oft Gutes unterlassen und auf vielfältige Weise Böses getan haben. So sind wir nicht würdig, dich zu empfangen, Herr. Aber wir sind deiner bedürftig, bedürftig deiner Vergebung, bedürftig deines Trostes, bedürftig deines Heils. Der Herr, unser Gott, erbarme sich unser. Er lasse uns Schuld und Versagen nach und führe uns zum Leben in Ewigkeit.

## Vaterunser

*gemeinsam gebetet*

## Lied zur Kommunion

Also sprach beim Abendmahle *(GL 281, 1–3)*

## Segensbitte

Allmächtiger, ewiger Gott, durch Leiden und Tod deines Sohnes bist du all deinen leidenden und sterbenden Geschöpfen ganz nah. Du lehrst uns, auch Leidens- und Kreuzwege als Wege zum Leben wahrzunehmen. Du läuterst uns und lässt uns reifen. Du mutest uns zu, auch das Schwere zu tragen und ermutigst uns, indem du es mit uns trägst. Durch dein Wort, dein Beispiel, dein Sakrament bist du da, wann immer wir deiner Nähe bedürfen. So befähigst du uns zu Menschlichkeit und Gottverbundenheit, bis wir vereint und vollendet sind bei dir.

Herr, unser Gott, reicher Segen komme herab auf dein Volk, das den Tod deines Sohnes gefeiert hat und seine Auferstehung erwartet. Schenke ihm Verzeihung und Trost, Wachstum im Glauben und in der Hoffnung und eine überzeugende Liebe zu dir, den Menschen und deiner ganzen Schöpfung.

*Auszug in Stille*

❖ Predigt

◼ Karfreitag

Kreuzigungsgruppe »Henger Herrjotts Fott« von Bonifatius Stirnberg, Aachen 1989
© beim Künstler; Foto: Germaine Stirnberg

*Kopiervorlage auf der CD-ROM*

Die Bronzegruppe mit den stürmenden Pferden vor dem Aachener Bahnhof kennen die meisten Menschen, die einmal in Aachen waren. Sie stammt vom Bildhauer Bonifatius Stirnberg (geb. 1933 in Freienohl). Weniger bekannt ist ein anderes seiner Werke. Biegt man vom Bahnhof kommend vor dem Theater rechts ab, stößt man auf eine Kreuzigungsgruppe, in Bronze gegossen. Sie stammt vom selben Bildhauer Bonifatius Stirnberg.

»Henger Herrjotts Fott«, so heißt die Adresse, angesichts von deren Despektierlichkeit ich erst einmal schlucken musste.
1792 war an dieser Stelle ein Holzkreuz aufgestellt worden. Als es alt und marode war, wurde es 1897 durch eine steinerne Kreuzigungsgruppe im damals üblichen Stil ersetzt. Die Nationalsozialisten schließlich räumten diese Kreuzigungsgruppe ersatzlos ab. Im Jahr 1987 wurde schließlich durch eine Spendeninitiative der Anwohner die Kreuzigungsgruppe erstellt, die heute dort steht (und die Sie auch auf der ausgeteilten Abbildung finden).

Wenn man genau vor »Henger Herrjotts Fott« stehend den Blick hebt, so schaut man auf den Turm vom Aachener Dom.

Die Kreuzigungsgruppe besteht aus einem Stück und nicht wie sonst üblich aus dem solitären Kreuz mit dem Herrn daran, einer alleinstehenden Marienfigur und einer ebenfalls alleinstehenden Johannesfigur. Hier sind alle Figuren einschließlich des Kreuzes miteinander verbunden.

Der sterbende oder vielleicht schon gestorbene Christus schaut herunter.
Unter ihm kniet nur auf dem rechten Knie der Jünger Johannes.
Mit einer Rechten umfängt er den senkrechten Kreuzesbalken. Hier am Kreuz gewinnt er seinen Halt.
Das linke Bein hat er abgewinkelt und vorgestellt.
Über seinem linken Oberschenkel liegt, mit der linken Hand ebenfalls den Kreuzesbalken umfassend, die ohnmächtig gewordene Maria. Ihre rechte Hand hängt schlaff und wie tot nach unten.
Mit seiner Linken hält Johannes Hals und Kopf von Maria, damit der Kopf und der Oberkörper nicht ebenfalls ganz nach unten sinken.

Das Gewand von Maria und Johannes ist um den Fuß des senkrechten Kreuzesstammes gewunden und wirkt fast wie ein Grabhügel oder wie die Andeutung des Golgota-Berges.

In Maria verkörpert Bonifatius Stirnberg die tiefste Todesverzweiflung, die weiteres Leid nicht mehr erträgt und selber wie in Todesstarre verharrt.
In Johannes verkörpert Stirnberg den, der sich um den anderen, den verzweifelten Menschen kümmert und ihn helfend unterfängt, aber auch den, der selber nicht mehr weiter weiß.

Dann ist da noch eine tiefsinnige, theologisch gehaltvolle Blickachse zu bemerken.
In seiner Verzweiflung und ganz am Boden von der Wucht der Ereignisse schaut Johannes fragend und hilfesuchend genau ins Gesicht Jesu Christi.

Der mit dem Menschen mitleidende, der mit dem Menschen mitsterbende, der bis ins Letzte solidarische Gott, das ist seine Hoffnung.
Maria und Johannes halten sich beide, sie mit der Linken und er mit der Rechten, am Kreuz fest. Beide gewinnen Halt beim solidarisch mitleidenden und mitsterbenden Gott.

Vielleicht suchen Sie diese eindrucksvolle Kreuzigungsgruppe mal auf. Sie zeigt uns, wie man mit dem Leid im menschlichen Leben klarkommen kann:
Den Verzweifelten nach Kräften unterfangen und unterstützen.
Am Kreuz Jesu Christi, des solidarisch bis zum Letzten mitlebenden, mitleidenden und mitsterbenden Gottes, Halt finden im eigenen Leid.
Und ihn, Jesus Christus, in den Blick nehmen, Blickkontakt halten und Maß nehmen an diesem maßgebenden Menschen, diesem göttlichen Menschen – diesem bis zum Letzten menschlichen Gott.

# Feier der Osternacht

## I. Wortgottesdienst

*Dunkelheit!*
*Als Licht nur Klemmlampe am Ambo und Lampe im Eingang!*
*Einzug in die dunkle Kirche in Stille.*

### ▓ Begrüßung

Der Herr, der alle Nächte menschlichen Daseins durchschritten hat, und mit dem wir unsere ganze Hoffnung auf den Tag ohne Abend, auf das Licht ohne Nacht verbinden, dieser Herr des Lichtes und des Lebens sei mit euch!

### ▓ Einführung

Liebe Mitchristen, wir beginnen diesen Ostergottesdienst in der Dunkelheit des Karsamstags, dem Symbol der tödlichen Umnachtung unseres Lebens.
Die 1974 verstorbene Dichterin Marie Luise Kaschnitz hat sich in ihrem Leben immer wieder mit der Frage nach Tod und Auferstehung beschäftigt. Eines ihrer Gedichte lautet:

### ▓ Nicht mutig

*Die Mutigen wissen*
*Dass sie nicht auferstehen*
*Dass kein Fleisch um sie wächst*
*Am jüngsten Morgen*
*Dass sie nichts mehr erinnern*
*Niemandem wiederbegegnen*
*Dass nichts ihrer wartet*
*Keine Seligkeit*

*Keine Folter*
*Ich*
*Bin nicht mutig.*

*Marie Luise Kaschnitz*

Sind das wirklich die Mutigen, die im Blick auf Sterben und Tod nichts erinnern, nichts befürchten, nichts erhoffen, nichts erwarten? Oder sind die eher nass-forsch und tun nur so mutig? Ist deren scheinbare Mut-Demonstration doch eher wie das Pfeifen im dunklen Walde, das Singen des Kindes im dunklen Keller?

Die, die angeblich nichts befürchten, nichts erhoffen, nichts erwarten, erwarten oder befürchten die nicht doch etwas, nämlich das Nichts? Marie Luise Ka-schnitz zweifelt an der mutig tuenden Erwartung des Nichts. Sie zweifelt an der Verzweiflung. Sie lässt sich die Hoffnung auf Leben jenseits des Todes nicht nehmen. Sie hofft über die eigenen Fähigkeiten und Einsichten hinaus, auf den, der Leben geben kann, weil er das Leben ist.

## ▣  Hinführung zur ersten Lesung

In der Bibel wird Schöpfungsgeschichte erzählt. Wir blenden in Gedanken zu-rück an den Anfang und hören die Geschichte, wie aus dem Chaos der Kosmos, aus der Urnacht das Licht, aus dem Nichts das Sein, aus toter Materie alles Leben entstand. Wir erfahren nicht mit naturwissenschaftlicher Sprache, wann und wie der Anfang war. Wohl aber erfahren wir, wer im Anfang war und den Anfang setzte. Wir erfahren, dass Gott es war und ist, dessen schöpferische und segnende Hand alles schuf und hält.

## ▣  Erste Lesung *(Gen 1, 1–31a, Kurzfassung)*

## ▣  Lied

Dein Lob, Herr, ruft der Himmel aus *(GL 381, 1–2)*
Sende aus deinen Geist *(GL 312 (2))*

## Gebet

Allmächtiger, ewiger Gott, großartig ist deine Schöpfung, und uns ist sie ein Hinweis auf deine Größe und Weisheit. Du hast uns diese Schöpfung anvertraut. Lass uns mit wachen Sinnen im Unbelebten und Belebten, besonders aber im Mitmenschen die Spuren ihres Schöpfers und Erhalters wahrnehmen und mit Sorgfalt achten. Darum bitten wir.

## Hinführung zur zweiten Lesung

Wir erleben unsere Welt oft auch als eine zerstörte, unheilvolle Welt. Unrecht und Hass, Krankheit und Tod, Zweifel und Verzweiflung, Leid und Tränen sind wie Wegelagerer am menschlichen Lebensweg. Unsere Welt und wir mit ihr sind erlösungsbedürftig. So alt wie die Menschheit ist die Sehnsucht nach Befreiung, Rettung, Erlösung. Das Buch Exodus lässt uns wissen, dass Gott alles Leid beenden und seinem Volk Befreiung schenken wird. Als das neue Volk Gottes sollen wir erfahren und erfahrbar machen: Gott ist Retter und Erlöser – sogar noch in abgrundtiefer Aussichtslosigkeit.

## Zweite Lesung *(Ex 14, 15–15, 1)*

## Lied

Lobe den Herren, den mächtigen König der Ehren *(GL 392, 1)*
Behüte mich, Gott, behüte mich *(GL 312, 3)*

## Gebet

Allmächtiger Gott, deine uralten Wunder leuchten noch in unseren Tagen. Du hast dein Volk damals machtvoll aus der Unterdrückung und Knechtschaft befreit. Lass die Völker, lass die Religionen und Konfessionen zu einem menschlichen und rechtsstaatlichen Miteinander finden. Lass den Völkern in den Notstands- und Elendsgebieten dieser Welt, materielle Gerechtigkeit und Menschlichkeit widerfahren. Führe auch durch uns die Völker deiner Erde aus

Unterdrückung, Knechtschaft und gegenseitiger Bedrohung heraus, damit dein Reich Gestalt annehme. Darum bitten wir.

## ■ Hinführung zur dritten Lesung

Das Volk Gottes damals und das Volk Gottes heute sind oftmals auf Irrwegen und Abwegen gegangen, haben Gott aus den Augen verloren, ihm die Gefolgschaft aufgekündigt und sind blindlings in die Katastrophen geraten. Mit den Worten des Propheten Jesaja nennt Gott sein Volk aber »seine Geliebte«, die »Frau seiner Jugendliebe«. Wie die Liebe eines Mannes seiner Geliebten, seiner Jugendliebe gilt und mehr noch, so gilt Gottes unzerstörbare Liebe, sein unermessliches Erbarmen seinem Volk.

## ■ Dritte Lesung *(Jes 54, 4a.5–10)*

## ■ Lied

Großer Gott, wir loben dich *(GL 380, 1)*
Aus der Tiefe zogst du mich empor *(GL 312(5))*

## II. Lichterfeier

## ■ Erläuterung

Die Lesungen des Ersten Bundes haben uns Gott als den Schöpfer im Chaos, als Retter aus der Not und als Erbarmer in Schuld vor Augen geführt und das Heil bringende Handeln Gottes an dieser Welt und dieser Menschheit dargestellt.
In der nun folgenden Lichterfeier wollen wir im Zeichen sichtbar werden lassen, was wir im Wort gehört haben. Der rettende Gott bringt durch die Auferstehung Christi Licht in die Dunkelheit dieser Welt, die Dunkelheit dieser Kirche, die Dunkelheit eines jeden von uns. Mit der Auferstehung dringt Licht in die sonst so aussichtslose Dunkelheit des uns allen sicheren Todes. Sie alle sind nun eingeladen, das Licht des Osterglaubens an Christus zu entzünden und einander weiterzureichen. So kann es heller und wärmer werden in dieser Welt, in dieser

Kirche und nicht zuletzt in uns selbst. Ziehen wir nun gemeinsam zum Osterfeuer hinaus.

## Auszug zum Osterfeuer

## Lied

Was Gott tut, das ist wohlgetan *(GL 416, 1)*

*Messdiener warten vor der ersten Bank, bis sich die übrigen Gläubigen zum zeitweiligen Auszug aus der Kirche im Mittelgang formiert haben.*
*Mitzubringen sind: Kerzen, Dochte, (Sicherheits-)Laterne, Wachsnägel, Weihwasser, Weihrauch, Osterkerze oder Osterkerzen bei gemeinsamer Osternachtfeier mehrerer Gemeinden.*

## Segnung des Feuers

Allmächtiger, ewiger Gott, du hast durch Christus allen, die an dich glauben, das Licht neuen Lebens geschenkt.
Segne dieses Feuer, das die Nacht erhellt, und lass uns dich suchen, das unvergängliche Licht. Lass du uns zu Kindern des Lichtes werden und Kinder des Lichtes sein.

## Bereitung der Osterkerze

Christus gestern und heute
Anfang und Ende
Alpha und Omega

Sein ist die Zeit und die Ewigkeit.
Sein ist die Macht und die Herrlichkeit
in alle Ewigkeit. Amen.

## ▓ Einstecken der Wundmale

Durch seine heiligen Wunden,
die leuchten in Herrlichkeit,
behüte und bewahre uns
Christus, der Herr. Amen.

## ▓ Entzünden der Osterkerze

Christus ist glorreich auferstanden vom Tod.
Sein Licht vertreibt die Dunkelheit der Welt
und die Dunkelheit unserer Herzen.

## ▓ Prozession zurück in die Kirche

Lumen Christi! – Deo gratias! *(Kniebeuge)*

*In der Höhe der letzten Bank:*

Lumen Christi! – Deo gratias! *(Kniebeuge)*

*In der Kirchenmitte erhalten die Messdiener Licht, ebenso der Küster, die Küsterin zum Entzünden der Altarkerzen.*

Lumen Christi! – Deo gratias! *(Kniebeuge)*

*Von den Altarstufen aus begeben sich die Messdiener zurück ins Kirchenschiff und teilen das Licht an die Gemeinde aus.*
*Die Osterkerze wird auf den Osterleuchter gestellt.*

## ▓ Exsultet *(vom Priester gesungen)*

*Danach Einschalten der Beleuchtung, Glocken- und Orgelklang. Machtvoll!*

## ▪ Gloria

Ich lobe meinen Gott, der aus der Tiefe mich holt *(GL 383)*

## III. Verkündigung der Osterbotschaft

### ▪ Lesung *(Röm 6, 3–11)*

### ▪ Zwischengesang

Halleluja *(GL 483, Refrain als Kanon zu 2 Stimmen, ohne Zwischentexte)*
Christ ist erstanden von der Marter alle *(GL 318)*

### ▪ Evangelium *(LJ A: Mt 28, 1–10, LJ B: Mk 16, 1–7; LJ C: Lk 24, 1–12)*

## IV. Tauferneuerungsfeier

### ▪ Einführung

Es gibt Zeiten im Leben von uns Christen, da ist unser Christsein ausgedörrt und dürr. Da ist nichts mehr zu sehen vom Sprießen einer wirklichen Inspiration; da steht das Christsein nicht mehr in Blüte; da reifen die Früchte der Menschlichkeit und Güte nicht mehr heran.
Dann aber wird es Zeit, die Quellen endlich wieder freizulegen, um das dürre Land unseres Lebens neu zu bewässern.
So etwas Ähnliches ist die Tauferneuerungsfeier, die die Quellen freilegen will, aus denen wir leben, aus denen uns das Wasser des Lebens zufließt.
Zum Volk Gottes gehören nicht nur die hier Versammelten, sondern auch all diejenigen, die schon bei Gott ihre Vollendung gefunden haben. Im Blick auf ihr gelungenes Leben dürfen wir um das Gelingen unseres Lebens bitten. Im Blick auf ihr Leben dürfen wir auch für unser Leben Hoffnung schöpfen.

## Allerheiligenlitanei

*(Melodie GL 556, 1, 3, 4 u. 5; Vorsänger; Text regional anpassen)*

Herr, erbarme dich. Christus, erbarme dich. Herr, erbarme dich.
Gott Vater im Himmel, A.: erbarme dich unser.
…
Heilige Maria, Mutter Gottes, A.: bitte für uns.
…

## Taufwasserweihe

Mehr als 300 Jahre vor Christus hat der große Philosoph und Naturforscher Aristoteles im Blick auf die Entstehung des Lebens den Satz geprägt: Alles Leben stammt aus dem Wasser.

Für uns Christen hat dieser Satz noch eine andere und tiefere Bedeutung: All unser Leben in diesem Glauben, all unser Leben, das über das nur biologische hinausgeht, stammt aus dem Wasser der Taufe. Aus Gottes überfließender Güte schöpfen wir neues Leben.

Allmächtiger, ewiger Gott. Von Anbeginn der Welt hast du das Wasser zu einem Sinnbild des Lebens gemacht. Wir schöpfen davon und leben auf durch dich. Wir schöpfen davon und werden rein von aller Schuld durch dich.

Segne dieses Wasser, das für die Taufe bestimmt ist, und schenke allen, die im kommenden Jahr damit getauft werden, das neue Leben in deiner Kirche. Schenke uns allen, die wir einander und uns selbst damit segnen, neue Frische und neue Lebendigkeit im Glauben, in der Hoffnung und in der Liebe. Darum bitten wir durch Christus, unsern Herrn.

## Erneuerung des Taufversprechens und Credo

Damit in einer Gemeinde überzeugte Christen heranwachsen können, bedarf es überzeugender Christen. Wir wollen daher unser Taufversprechen erneuern. Wir wollen damit die Quelle unseres Lebens als Christen neu freilegen, damit das Wachstum im Glauben, in der Hoffnung und in der Liebe neu beginnen kann, damit die Kärglichkeit und Kümmerlichkeit unseres Menschenlebens zu Blüte und Frucht überzeugenden Christseins heranreift.

P.: Widersagen Sie dem Bösen, um in der Freiheit der Kinder Gottes leben zu können?
A.: Wir widersagen!

P.: Widersagen Sie aller Gleichgültigkeit, aller Lieblosigkeit und allem Hass den Mitmenschen gegenüber?
A.: Wir widersagen!

P.: Widersagen Sie aller Resignation und aller Hoffnungslosigkeit?
A.: Wir widersagen!

P.: Glauben Sie an Gott, den Vater, den Allmächtigen, den Schöpfer und Erhalter des Himmels und der Erde?
A.: Wir glauben!

P.: Glauben Sie an Jesus Christus, den Sohn Gottes, geboren von der Jungfrau Maria, der gelitten hat für das Heil dieser Welt, der am Kreuz starb, der von den Toten auferstand und zur Rechten Gottes sitzt?
A.: Wir glauben!

P.: Glauben Sie an den Heiligen Geist und an sein Wirken in Ihnen selbst und in unserer Gemeinschaft, der heiligen katholischen Kirche, glauben Sie an die Gemeinschaft der Heiligen, die Vergebung der Sünden, die Auferstehung der Toten und das ewige Leben?
A.: Wir glauben!


## ▮ Lied

Ich bin getauft und Gott geweiht *(GL 491)*
Fest soll mein Taufbund immer stehn *(GL-Eigenteil, Strophen 1–2)*
*(Dabei Besprengen der Gemeinde mit dem Taufwasser.)*

## V. Eucharistiefeier

### ▓ Gabenbereitung

Nun freut euch hier und überall *(GL-Eigenteil)*
O Licht der wunderbaren Nacht *(GL 334)*

### ▓ Sanctus

Gelobt sei Gott im höchsten Thron *(GL 328, 1–6)*

### ▓ Vaterunser

*gesungen*

### ▓ Agnus Dei

Ist das der Leib, Herr Jesus Christ *(GL 331, 1–2 u. 4)*

### ▓ Danksagung

Das ist der Tag, den Gott gemacht *(GL 329, 1, 3 u. 5)*

### ▓ Schlusssegen *(Messbuch 108 gesungen)*

### ▓ Schlusslied

Das Grab ist leer *(GL-Eigenteil, 1–3)*
Vom Tode heut erstanden ist *(GL 324, 1–3)*

# Ostersonntag

*Festliches Orgelvorspiel*

## ▪ Liturgische Eröffnung

Der Herr, der alle Nächte menschlichen Daseins durchschritten hat, und mit dem wir unsere ganze Hoffnung auf den Tag ohne Abend, auf das Licht ohne Nacht verbinden, dieser Herr des Lichtes und des Lebens sei mit Euch!

## ▪ Eingangslied

Nun freut euch hier und überall *(GL-Eigenteil, Strophen 1–2)*
Vom Tode heut erstanden ist *(GL 324, 1–3)*

## ▪ Einführung

Liebe Mitchristen, Ostern ist kein Beruhigungspflästerchen auf die ewig weiterschwärende und unheilbare Wunde Tod.
Ostern ist kein Placebo, kein Scheinmedikament ohne Wirkstoff, das nur unserer Einbildung weiterhilft.
Ostern ist kein folkloristisch ausgestaltetes Zuspachteln der tiefen Risse und Brüche im einsturzgefährdeten Haus unserer Existenz.
Ostern sagt nicht: Wir werden nicht sterben. Ostern sagt: Ja, wir werden sterben und dennoch leben.
Und darum, weil wir leben werden, kann Ostern gegen alle Selbstzufriedenheit zutiefst beunruhigen. Darum, weil wir leben werden, zeigt Ostern Wirkung, schon jetzt und hier.
Darum, weil wir leben werden, gehen wir im Tod aus dem einsturzgefährdeten Haus unserer zeitlichen Existenz in die ewige Heimat und Geborgenheit Gottes.
Darum, weil wir leben werden, haben wir trotz des todsicheren Sterbens eine nicht mehr zu zerstörende Lebensfreude, schon hier und jetzt.

## ■ Taufe

Welchen Namen haben Sie Ihrem Kind gegeben? *Name.*
Was erbitten Sie für Ihren Sohn/Ihre Tochter …? *Die Aufnahme in die Kirche.*

Sie haben für Ihren Sohn/Ihre Tochter die Taufe erbeten. Damit erklären Sie sich zugleich bereit, Ihr Kind im Glauben zu erziehen. Das heißt, es soll Gott und den Nächsten lieben lernen, wie Christus es uns vorgelebt hat. Sind Sie sich dieser Aufgabe bewusst? *Ja.*

Ich frage auch die Paten. Die Eltern von N.N. haben Sie gebeten das Patenamt zu übernehmen. Auf Ihre Weise sollen Sie mithelfen, dass aus diesem Kind ein guter Christ wird. Sind Sie sich dieser Aufgabe bewusst? *Ja.*

## ■ Kyrie

Herr, Jesus Christus, du hast als Mensch gelebt mit uns und für uns.
Kyrie eleison.
Du hast die Bitternis menschlichen Lebens getragen, hast gelitten und bist gestorben. Christe eleison.
Du bist aus dem Tod erstanden und schenkst uns Lebenshoffnung und Lebensfreude.
Kyrie eleison.

## ■ Bezeichnung des Täuflings mit dem Kreuzzeichen

*Einladung an alle, einander wechselseitig das Zeichen des Erlösers auch auf die ggf. fremde Stirn zu zeichnen. (Haben Sie die Stirn, bieten Sie einander die Stirn!)*

## ■ Gloria

Christ ist erstanden von der Marter alle *(GL 318)*
Allein Gott in der Höh *(GL 170)*

■ **Lesung** *(Kol 3, 1–4 oder Röm 6, 3–11)*

■ **Zwischengesang**

Die ganze Welt, Herr Jesu Christ *(GL 332, 1–3)*

■ **Evangelium** *(Joh 20, 1–18)*

■ **Erneuerung des Taufversprechens und Credo**

Damit in einer Gemeinde überzeugte Christen heranwachsen können, bedarf es überzeugender Christen. Wir wollen daher unser Taufversprechen erneuern. Wir wollen damit die Quelle unseres Lebens als Christen neu freilegen, damit das Wachstum im Glauben, in der Hoffnung und in der Liebe neu beginnen kann, damit die Kärglichkeit und Kümmerlichkeit unseres Menschenlebens zu Blüte und Frucht überzeugenden Christseins heranreift.

P.: Widersagen Sie dem Bösen, um in der Freiheit der Kinder Gottes leben zu können?
A.: Wir widersagen!

P.: Widersagen Sie aller Gleichgültigkeit, aller Lieblosigkeit und allem Hass den Mitmenschen gegenüber?
A.: Wir widersagen!

P.: Widersagen Sie aller Resignation und aller Hoffnungslosigkeit?
A.: Wir widersagen!

P.: Glauben Sie an Gott, den Vater, den Allmächtigen, den Schöpfer und Erhalter des Himmels und der Erde?
A.: Wir glauben!

P.: Glauben Sie an Jesus Christus, den Sohn Gottes, geboren von der Jungfrau Maria, der gelitten hat für das Heil dieser Welt, der am Kreuz starb, der von den Toten auferstand und zur Rechten Gottes sitzt?
A.: Wir glauben!

P.: Glauben Sie an den Heiligen Geist und an sein Wirken in Ihnen selbst und in unserer Gemeinschaft, der heiligen katholischen Kirche, glauben Sie an die Gemeinschaft der Heiligen, die Vergebung der Sünden, die Auferstehung der Toten und das ewige Leben?

A.: Wir glauben!

*Prozession zum Taufbrunnen (falls sich dieser hinten in der Kirche befindet).*

## ▨ Taufe

N.N., ich taufe Dich im Namen
des Vaters, des Sohnes und des Heiligen Geistes.

## ▨ Salbung mit Chrisam

Wer getauft wird, wie Du N.N., gehört für immer zu Christus, dem Gesalbten Gottes, dem Priester, Propheten und König in Ewigkeit.
Alles, was Du denkst (Salbung der Stirn) und alles, was Du tust (Salbung der Hände) soll ein Segen sein und Du selber sollst ein Segen sein im Namen Jesu Christi ein Leben lang.

## ▨ Überreichung des weißen Kleides

Dieses weiße Kleid, das Zeichen der Reinheit, des Festes und der Freude soll dir ein Zeichen dafür sein, dass Du, wie die Schrift sagt, Christus angezogen hast. Bewahre diese Würde für das ewige Leben.

## ▨ Entzünden der Taufkerze an der Osterkerze

Empfange das Licht Christi, das Licht der Hoffnung auf Auferstehung und neues, vollendetes Lebens in Christus. Bewahre dieses Licht dein Leben lang bis du eintrittst in das abendlose Licht der Ewigkeit.
Jesus hat gesagt:

*»Ich bin das Licht der Welt. Wer mir nachfolgt, wird nicht in der Finsternis umher-gehen, sondern wird das Licht des Lebens haben« (Joh 8, 12).*

*Ggf. Wort der Paten*
*Prozession zurück zum Altarraum*

## ◼ Lied

Freu dich, erlöste Christenheit *(GL 337, 1–4)*
*Dabei Besprengen der Gemeinde mit dem Taufwasser.*

## ◼ Fürbitten

Herr, unser Gott, du bist ein Gott des Lebens und der Liebe.
Dich bitten wir: Christus, höre uns. – A.: Christus, erhöre uns. *(nach jeder Bitte wiederholen)*

1. Wir leben oft in der Dunkelheit unserer Nöte und Existenzängste; doch du bist das Licht. – Lass unser Dasein hell werden durch das Licht deiner Auf-erstehung.
2. Wir leben im Angesicht des Todes, des eigenen Todes und des Todes lieber Menschen; doch du bist das Leben. – Lass uns – allem Tod zum Trotz – auf-leben.
3. Wir leben oft im Zwielicht des Zweifels und der Unwahrheit; doch du bist die Wahrheit. – Lass uns diese Wahrheit wahrnehmen.
4. Wir gehen oft auf Abwegen, Irrwegen, Umwegen; doch du bist der Weg. – Lass uns auf diesem Weg zur bleibenden Heimat finden.
5. Wir bitten für N.N., die/der heute die Taufe empfangen hat, für ihre/seine ganze Familie und für alle Verwandten und Freunde. – Lass das Hoffnungs-licht der Auferstehung und des neuen Leben ihren/seinen Weg hell ma-chen.

P.: Herr, du bist das Licht, das uns leuchten soll.
Du bist der Weg, auf dem wir gehen können.
Du bist die Wahrheit, die uns leiten will.

Du bist das Leben, das uns verheißen ist.

Lass uns Vollendung finden in dir. So bitten wir durch Christus, unsern Bruder und Herrn.

## ▨ Gabenbereitung

Das ist der Tag, den Gott gemacht *(GL 329, 1–3)*
Herr, wir bringen in Brot und Wein *(GL 184)*

## ▨ Sanctus

Erschalle laut, Triumphgesang *(GL-Eigenteil, 1. u. 2. Str.)*
Heilig, heilig *(GL 138)*

## ▨ Vaterunser

*gesungen*

## ▨ Agnus Dei

Ist das der Leib, Herr Jesus Christ *(GL 331, 1–2 u. 4)*
Lamm Gottes *(GL 139)*

## ▨ Danksagung

Nun freue dich, du Christenheit *(GL-Eigenteil, Strophen 1–2)*
Würdig ist das Lamm *(GL 653(7), (8))*

## ▨ Schlusssegen

*Messbuch 108 gesungen*

## Schlusslied

Das Grab ist leer *(GL-Eigenteil, Strophen 1–3)*
Freu dich, du Himmelskönigin *(GL 525)*

## ❖ Predigt

## Zweifel an der Verzweiflung

Vor Jahr und Tag, ich war noch Schüler, bin ich mit meinem Bruder durch Frankreich getrampt. Dabei haben wir auch einen Abstecher nach Verdun gemacht, einem der Hauptschlachtfelder des Ersten Weltkrieges.

Soweit das Auge reichte, sah man Grab an Grab, wie ein einziges Quadratkilometer großes Massengrab. In die Kellergewölbe der Gedenkstätte konnte man von außen hineinsehen. Sie waren vollgestopft mit menschlichen Gebeinen: Schädel, Schulterblätter, Rippen, Hüftknochen, Oberschenkel, Schienbeine, Ellen. Ein riesiger Schrottplatz menschlicher Skelettteile. Dieser Eindruck hatte etwas Erschlagendes. Da lagen Studenten, die mit Hurrapatriotismus in den Krieg gezogen waren, alte Offiziere, Familienväter, der Schule kaum entwachsene Jungen, gute und schlechte, hübsche und hässliche, hoffnungsvolle und hoffnungslose, begabtere und unbegabtere. Alles zerfetzt, zerschossen, zerschlagen, begraben, verwest und fast völlig vergessen. Ein totales Desaster des Lebens, ein grandioser Triumph des Todes!

Und wir glauben an Auferstehung und ewiges Leben?!

Wie bekommt der Herrgott das alles wieder zusammen, was da herumliegt? Aber selbst dann, so sagt uns die Naturwissenschaft, beginnt das große Hauen und Stechen um die Atome und Moleküle, die im Stoffwechsel durch viele Körper gegangen sind und einmal Teil pflanzlicher, tierischer oder auch menschlicher Körper waren. Wahrscheinlich reicht die Menge an Kohlenstoff nicht für alle dann gleichzeitig damit zu beschickende Körper. Aber selbst wenn das klappte, bleibt die Frage: Welchen von meinen abgelegten Körpern nimmt der Herrgott für die Auferstehung? Nimmt er mich mit rosigen 7, mit pickeligen 17 oder mit runzeligen 70 Jahren? Nimmt er die beste Garnitur fürs Jenseits? Was aber ist mit denen, die nie eine gute Garnitur besaßen, die mit schweren körperlichen und geistigen Missbildungen leben mussten?

Ich glaube: Wo immer Gott aus dem Tod neues Leben für den Menschen erwirkt, da bedarf er der materiellen Seite menschlicher Existenz nicht. Gott ist doch kein Paläontologe, der Knochen sammelt und wieder zusammenflickt für ein himmlisches Menschenkunde-Museum. Ich glaube für das neue Modell menschlicher Existenz braucht Gott die Schrottplätze des alten Modells nicht.

Auf eine andere, offenbar auch weit verbreitete Vorstellung von Auferstehung stieß ich in einem alten Interview, das der Schauspieler Maximilian Schell (geb. 1930) mit der damals schon über achtzigjährigen Marlene Dietrich (1901–1992) gemacht hatte. Ein Ausschnitt daraus liest sich so:
Schell: *Sie glauben nicht dass, nachher etwas kommt?* Dietrich: *… aber so ein Quatsch, fürchterlich, kann man doch nicht dran glauben, dass die da oben da alle rumfliegen da, vielleicht? Gibt's ja gar nicht.* Schell: *Viele Philosophen haben sich den Kopf darüber zerbrochen …* Dietrich: *Ja, ja, ja, ja … Das ist alles, um sich zu trösten, das kommt doch alles aus der Bibel. Um die Leute zu trösten und zu sagen, die schwirrt da oben rum. (…) Aber man kann mir doch nicht erzählen, dass die da alle leben, da oben, und das muss ja furchtbar übersetzt sein, wie viele Leute da oben rumschwirren. (…) Außerdem glaube ich nicht an eine höhere Macht, oder die höhere Macht ist meschugge.«*
Dann wechselt sie blitzartig das Thema und kommt auf ihre Schallplatte mit Berliner Liedern zu sprechen. Und die wenigstens findet sie selbst »himmlisch«.

Diese Ablehnung der christlichen Osterbotschaft enthält allerhand »fundamentale Klöpse«. Schade, dass diese ansonten kluge Frau da, wo es buchstäblich auf Tod und Leben geht, einen so kompletten Unsinn zusammendenkt und daherredet. Hat sie nie gehört, dass Himmel nicht oben ist? Leben wir denn noch im Mittelalter? Wo wäre in diesem Kosmos oben und wo unten? Hat sie nie gehört, dass man sich die Auferstandenen eher nicht wie die molligen, kurzflügeligen Barockputten als dickliche Himmelbrummer vorstellen sollte? Hat sie nie gehört, dass Himmel eine raumlos zu denkende Existenzweise bei Gott meint? Da gibt's keinen Numerus clausus und kein »Wegen Überfüllung geschlossen«! Ewigkeit meint nicht sehr viel Zeit, sondern Zeitlosigkeit. Im Himmel muss man wohl nicht zwischen »alten Hasen« und »jungen Hüpfern« unterscheiden. Raum und Zeit sind Eigenschaften des Materiellen. Auferstehung heißt Aufbruch zu einem Dasein frei von den Begrenzungen durch Raum und Zeit. Andernfalls würden wir im Himmel weiter unsere Zähne und Haare verlieren, müssten wir beim gewiss üppigen himmlischen Hochzeitsmahl weiter auf die schlanke Linie achten und Fältchen kaschieren. Alles wäre nur eine bestenfalls überarbeitete Neuauflage von dem Kladderadatsch, den wir hier lebenslänglich durchmachen.

Auch ein Vorwurf steckte noch im Interview: Bei eurem Auferstehungsglauben ist doch nur der Wunsch der Vater des Gedankens. Auferstehung heißt für Christen auch Konfrontation mit dem richtenden und rettenden Gott. Vielleicht wünscht sich jemand, der ohne den Gedanken an Gott gelebt hat, dass es keinen richtenden Gott geben möge. Dann ist wohl auch hier der Wunsch der Vater des Gedankens.

Ich glaube und hoffe mit Herz und Hirn auf den, der Sterben und Tod erlebte, durchlebte und überlebt. Mit dieser Osterbotschaft haben Menschen Jahrtausende lang zu leben und zu sterben gewusst.

Auch und gerade angesichts der vielen Millionen Toten von Verdun, Stalingrad und Auschwitz, auch und gerade angesichts des unabsehbaren Gräbermeeres der Jahrtausende kann ich die Auferstehungshoffnung nicht begraben, denn sie ist unsterblich im Menschen verwurzelt. Rudolf Alexander Schröder hat die absolute Todesgewissheit und die unsterbliche Lebenshoffnung so zusammen in Verse gefasst:

»Lass die Toten denn im Tod
Grab an Grab verwesen,
Du, ob Tod und Todes Not,
Weil dus weißt, erlesen,
Weißt an dir ist keiner Not
Fürder Macht gegeben:
All dein Leben führt zum Tod,
All dein Tod zum Leben.«

# Ostermontag

## ▨ Eingangslied

Erschalle laut, Triumphgesang *(GL-Eigenteil, Strophen 1–2)*
Vom Tode heut erstanden ist *(GL 324, 1–4)*

## ▨ Einführung

Wir feiern weiterhin Ostern, auch an diesem Montag.
Eigentlich beginnt montags das allwöchentliche, immer neue und ermüdende Sechstagerennen der Werktage. Aber wir Christen in Deutschland haben die weltweit fast einmalige Einrichtung eines zweiten Feiertages.
Das soll und kann uns deutlich machen, dass die Auferstehungsbotschaft keine bloße Sonn- und Feiertagsparole ist.
Auch der verlorenste, regenverhangene graue Alltag bezieht seine hoffnungsvolle Resthelligkeit von dem Licht, das uns an Ostern aufgegangen ist.
Von Ostern her sehen wir den Festtag und Alltag, den Sonn- und Werktag und sogar noch den Sterbetag in einem anderen Licht. – *Stille* –

## ▨ Schuldbekenntnis

Ich bekenne …

## ▨ Kyrie und Gloria

Christ ist erstanden *(GL 318)*

## ■ Lesung *(1 Kor 15,1–8.11)*

*Einleitung:*
Paulus überliefert uns das älteste Glaubensbekenntnis, das das Ostergeheimnis ganz umfasst. An Kreuz und Grab gibt es keinen Zweifel und für die Wirklichkeit der Auferstehung stehen die Osterzeugen sogar mit ihrem Leben ein. Ostern, das ist für Paulus und auch für uns, der Kern des christlichen Glaubens. Wenn es nicht so wäre, dann »wäret ihr vergeblich zum Glauben gekommen«.

## ■ Zwischengesang

Das ist der Tag, den Gott gemacht *(GL 329, 1 u. 3)*

## ■ Evangelium *(Lk 24,13–35 oder Mt 28,8–15)*

## ■ Predigt *(siehe unten)*

## ■ Credo

Ihr Christen singet hocherfreut *(GL 322 1, 11 u. 12, Vorsänger)*

## ■ Fürbitten

Begegnungen mit dem auferstandenen Herrn haben aus den Jüngern Jesu Apostel gemacht und ließen sie die Frohe Botschaft bis an die Enden der Erde tragen. Auch wir möchten dich neu erfahren.
Auf die folgenden Bittrufe antworten wir: … lass uns dich erfahren, Herr.

*Oder gesungen:* Herr, bleibe bei uns, Halleluja (GL 92)

1. In den Dunkelheiten unseres Lebens …
2. In Resignation und Traurigkeit …
3. In aller Abwegigkeit und Ausweglosigkeit …
4. In aller Ratlosigkeit und Hoffnungslosigkeit …

5. In der Sprachlosigkeit angesichts des Leids …
6. In den Menschen an unserer Seite …
7. In unseren Gebeten und Taten …
8. In unserm eigenen Ende …
9. In jedem Neubeginn …

Darum bitten wir durch Christus, unsern Bruder und Herrn.


## Gabenbereitung

O Licht der wunderbaren Nacht *(GL 334, 1–2)*
Bleibe bei uns, du Wandrer durch die Zeit *(GL 325, 1–2)*


## Sanctus

Freu dich, erlöste Christenheit *(GL 337, 1–2 u. 5)*
Heilig, heilig *(GL 191)*


## Agnus Dei

Ist das der Leib, Herr Jesu Christ *(GL 331, 1 u. 3)*
Lamm Gottes, Lamm Gottes *(GL 206)*


## Vor der Kommunion:

Von dem in Leipzig lebenden Arbeiterpriester und Dichter Andreas Knapp (geb. 1958) stammt ein schlicht geschriebenes und doch außerordentlich tiefsinniges Gedicht. Das Gedicht trägt den offenbar nach Gott fragenden Titel:

**wer bist du**

*schon immer erwartet*
*wie eine große Liebe*
*und doch ganz anders*

dein name ein fremdwort
das sich selbst übersetzt
hinein in unser fleisch und blut

du bist das gottgesättigte wort
und zugleich für unsere armen worte
gottes offenes ohr

von den großen klein gemacht
hast du doch
die kleinen groß gemacht

den habenichtsen dieser erde
bist du der künder
eines freien himmels

einheimisch im heiligen geheimnis
ziehst du alle zu dir hin
die sich selber in der fremde sind

angesichts deiner
leuchtet das göttliche antlitz
menschlich sichtbar

mein wahres ansehen
empfange ich
allein durch deinen blick

du schaust mich an
also
bin ich

*Andreas Knapp*

## ▓ Kommunion

*Orgelspiel*

■ **Schlusslied**

Wo ist dein Sieg, du bitter Tod *(GL-Eigenteil, Strophen 2–3)*
Bleib bei uns, Herr *(GL 94, 3)*

❖ **Predigt**

■ **Betrachtung der Kreuzplastik von Heinz Tobolla**

Kreuzplastik von Heinz Tobolla von 1968, vor der Friedenskirche in Aachen seit 2012

*Kopiervorlage auf der CD-ROM*

Gottesdienste für die Fasten- und Osterzeit

Ich habe Ihnen die Kopie einer Kreuzplastik von Heinz Tobolla austeilen lassen. Vielleicht fragen Sie sich im Stillen, ob ich am Ostermontag nicht doch etwa drei Tage zu spät für die Präsentation einer Kreuzplastik daherkomme. Vielleicht, aber warten Sie es ab.

Die Maße der abgebildeten Kreuzplastik sind ca. 2, 80 Meter mal 3, 10 Meter. Daran könnte man schon einen ausgewachsenen Mann kreuzigen.
Entstanden ist diese Skuptur 1986, im Jahr 2012 wurde sie vor der Friedenskirche in Aachen aufgestellt.

Heinz Tobolla wurde 1925 im damaligen Hindenburg/Ostschlesien geboren, gestorben ist er 2013 nach jahrzehntelanger Tätigkeit in Aachen.
Dort hat er durch seine Plastiken viele Spuren hinterlassen:
Vor der Unibibliothek steht die preisgekrönte Skuptur »Menschen im Gespräch«, die Schirmfrauen stehen nahe der Nikolauskirche, das volkstümliche Kehrmännchen steht am Annuntiatenbach und der gewaltige Davidsstern aus Glas findet sich vor der Synagoge, um nur einige seiner bekannteren Werke zu nennen.

Die massiven sechs Klötze sind aufgestellt zu einem merkwürdigen Kreuz.
Man hat den Eindruck als seien die Körperformen des Gekreuzigten noch irgendwie eingedrückt in den Stein.

In meiner Heimatstadt befand sich am Stadtrand ein Munitionsdepot aus der Zeit des Zweiten Weltkriegs, das noch in den Märztagen des Jahres 1945 bombardiert und mit gewaltigen Detonationen und tagelangen Bränden zerstört wurde. Heute ist das Gebiet längst mit einem Industriepark überbaut. Als ich ca. 10 Jahre alt war, entdeckte ich das Gelände. Es war mit einem zwei Meter hohen Zaun eingezäunt und durfte wohl auch wegen eventueller Blindgänger nicht betreten werden. Ein zwei Meter hoher Zaun ist aber für einen wendigen Zehnjährigen kein Hindernis, sondern allenfalls eine Herausforderung. So stieg ich über den Zaun in das Gelände ein. Es sah abenteuerlich, ja gruselig aus dort. Schwarz gebrannte und eingestürzte Betondecken, geborstene Stahltüren, vom Luftdruck umgekippte Hauswände, verbarrikadierte Gänge, die in der Erde zu enden schienen.
In irgendeinem der Räume entdeckte ich eine Gipsschale, in der wohl ein Mensch gelegen haben musste. Sie umfasste von der Hüfte an abwärts die

Körperrückseite eines Menschen einschließlich Beine und Füße. Es war die Erinnerung an einen Menschen, der hier mal auf dem Krankenlager gelegen und vielleicht schwer gelitten hatte und möglicherweise im Bombardement umgekommen war. Das schoss mir durch den Kopf, als ich Tobollas Kreuzplastik zu Gesicht bekam.

An dem Sockel für die Füße finden sich zwei Einbuchtungen, die wie Fußabdrücke aussehen.

An den Querbalken finden sich Abdrücke wie von den Armen und sogar von den Händen und den Fingern des Gekreuzigten.

Im Kopfteil findet sich eine Art Mulde, in der der Kopf des gekreuzigten gelegen haben könnte. Man erkennt sogar die Ausläufer der Dornenkrone.

Aber der am Kreuz Hingerichtete ist nicht mehr da, nur noch die Spuren, die an ihn und sein Leiden und Sterben erinnern.

Mir fällt dabei die Redewendung ein, dass etwas zum Steinerweichen ist. Ein dem Menschen zugefügtes Leid und der Schrei der gequälten, gefolterten Kreatur kann zum Steinerweichen sein. Dieses Steinerweichen durch den gepeinigten Körper hat Heinz Tobolla in seine Formsprache umgesetzt.

Da, wo nun der Leib hängen müsste, das ist ein Loch im Steinkreuz, ein großer Durchbruch, durch den ein erwachsener Mann problemlos hindurchfinden kann.
Das Marterwerkzeug der Antike ist in seiner Mitte durchbrochen. Vielleicht soll dieser Durchbruch ausdrücken, dass auch das Undurchdringliche des Todes aufgebrochen ist.
Man schaut durch die Öffnung des Kreuzes hindurch auf die Pflanzen dahinter als Zeichen des Lebens jenseits des Todes. Der Tod ist wie ein Durchgang zum Leben dargestellt, wie ein Tor vom Leben hier zum Leben dort.

In dem Osterlied »Das Grab ist leer« heißt es in der zweiten Strophe:
*»Ihm kann kein Siegel, Grab noch Stein, kein Felsen widerstehn; schließt ihn der Unglaub selber ein, er wird ihn siegreich sehn. Halleluja, halleluja, halleluja.«*
Diese Hoffnung ist hier auf archaische Weise in Stein gemeißelt.

# Zweiter Sonntag der Osterzeit
## (Weißer Sonntag/Barmherzigkeitssonntag)

### ▨ Eingangslied

Nun freue dich, du Christenheit *(GL-Eigenteil, Strophen 1–2)*
Wir wollen alle fröhlich sein *(GL 326, 1–2)*

### ▨ Einführung

*Lesejahr A:*
*»Die Gläubigen hielten an der Lehre der Apostel fest und an der Gemeinschaft, am Brechen des Brotes und an den Gebeten.«* So charakterisiert die heutige Lesung aus der Apostelgeschichte die ersten Gemeinden.
Die *Lehre der Apostel:* Das ist keine nach Gutdünken selbst zusammengestellte Patchwork-Religion.
Die *Gemeinschaft:* Das meint tatkräftige Solidarität, nicht Egotrip.
*Brechen des Brotes:* Das meint die gemeinsame Eucharistiefeier, die nicht unwesentliche Nebensache, sondern Zentrum der Feier unseres Glaubens ist.
*Gebet:* Das meint die persönliche Spiritualität in allen Lebenslagen.
Lehre der Apostel, Gemeinschaft, Eucharistie, Gebet – das war das Profil der frühen Gemeinden. Was gehört zu meinem, was gehört zu unserem Profil? Sind wir als Christen ähnlich profiliert?

*Lesejahr B/C:*
Wenn man die Osterbotschaft der Christenheit auf ihren unaufgebbaren Kern reduzieren würde, dann lautete sie: *»Christus ist von den Toten auferstanden; und auch wir werden auferstehen.«* Das ist gewissermaßen der harte Kern der Osterbotschaft. Der Tod ist zwar eine Reise ohne Rückfahrkarte; denn in dies Leben kehren wir nicht zurück. Aber der Tod ist dennoch keine Reise ins Nichts; er hat ein Ziel, das endgültige, beseligende Leben in Gott.
Diese Osterhoffnung hat die Christen von jeher befähigt, Begrenzungen und Beengungen des Lebens hinter sich zu lassen, das Leben zu entgrenzen. Denn der Glaube an die Auferstehung nach dem Tod befähigt auch schon zu einer

Auferstehung vor dem Tod. Das Licht der Auferstehung kommt schon in diesem vom Tod verdunkelten Leben zum Vorschein. Wo auch am Ende des Lebens eine große Lebenshoffnung steht, da ist die Hoffnung auch im Leben nie am Ende.

### ▉ Kyrie

*gesprochen*
Herr, erbarme dich *(GL 157)*

### ▉ Gloria

Vom Tode heut erstanden ist *(GL 324, 1–4)*
Gloria, Ehre sei Gott *(GL 169)*

### ▉ Lesung *(LJ A: Apg 2, 42–47; LJ B: Apg 4, 32–35; LJ C: Offb 1, 9–11a.12–13.17–19)*

### ▉ Zwischengesang

Ihr Christen, singet hocherfreut *(GL 322, 1, 7 u. 12, Vorsänger)*
Dass du mich einstimmen lässt *(GL 389, 1 u. 6)*

### ▉ Evangelium *(Joh 20, 19–31)*

### ▉ Predigt *(siehe unten)*

### ▉ Credo

Wahrer Gott, wir glauben dir *(GL-Eigenteil, Strophen 1 u. 2)*
Amen ... wir glauben *(GL 178(1), (2))*

## ▓ Fürbitten

Mehrfach erscheint Christus seinen Jüngern nach seiner Auferstehung, damit sie sich seiner Gegenwart vergewissern können. Für alle Unsicherheiten und Unwägbarkeiten unseres Lebens bitten wir:
Herr, Gott des Lebens, … A.: … zu dir rufen wir. *(nach jeder Bitte wiederholen)*
*Oder gesungen:* Herr, bleibe bei uns, Halleluja (GL 92)

1. Wir bitten für die, die einen geliebten Menschen verloren haben. Dass sie die Trauer zulassen und die Erinnerung an ihre Lieben wach halten können.
2. Wir bitten für alle, die sich um einen kranken Menschen sorgen, dass sie sich gemeinsam Dir anvertrauen.
3. Wir bitten für die, denen Leid, Sterben und Tod den Blick getrübt haben für den Auferstandenen, wie Maria von Magdala.
4. Wir bitten für die, die an Auferstehung und neues Leben nicht glauben können und Beweise verlangen, wie der Zweifler Thomas.
5. Wir bitten für die, die sich deprimiert und resigniert vom Glauben abgewandt haben, wie die Emmausjünger.
6. Wir bitten für die, die sich aus Lebensangst immer nur verschanzen und dem Geist Gottes nichts zutrauen, wie die Jünger vor Pfingsten.
7. Wir bitten für unsere Toten: Führe sie aus der Not ihres Sterbens in die Fülle deines Lebens.
8. Wir bitten für die Kommunionkinder: Lass sie mehr und mehr Zugang finden zum Glauben und zur Gemeinschaft mit Dir und mit ihren Mitchristen.

Herr, sie alle, Maria von Magdala, Thomas der Zweifler, die Emmausjünger und die Apostel haben geistige Blindheit, Lebensangst, Zweifel, und Resignation überwunden. So sind sie zu überzeugten und überzeugenden Boten deiner Auferstehungsbotschaft geworden. Lass das auch an und mit uns geschehen.


## ▓ Gabenbereitung

Das ist der Tag, den Gott gemacht *(GL 329, 1–2 u. 4)*
Nimm, o Gott, die Gaben *(GL 188, 1–2 u. 4)*

### ▇ Sanctus

Erschalle laut, Triumphgesang *(GL-Eigenteil, Strophen 1–2)*
Heilig, heilig *(GL 194)*

### ▇ Agnus Dei

Herr, bleibe bei uns *(GL 89, Kanon für 3 Stimmen)*
Christe, du Lamm Gotttes *(GL 208)*

### ▇ Danksagung

Freu dich, erlöste Christenheit *(GL 337, 1–2, 4 u. 7)*

### ▇ Schluss

Wo ist dein Sieg, oh bittrer Tod *(GL-Eigenteil, Strophen 2–3)*
Lasst uns erfreuen herzlich sehr *(GL 533, 1–3)*

### ❖ Predigt *(Lesejahr B: Apg 4, 32–35)*

### ▇ Ein Herz und eine Seele

Wie haben die ersten Christen gelebt? Was hat ihre ungeheure Entwicklung, was hat ihre explosive missionarische Dynamik am Anfang ausgemacht? Darauf gibt uns die Apostelgeschichte, die wir in dieser Osterzeit lesen, eine eindrückliche Auskunft.

Sie waren »ein Herz und eine Seele« (Apg 4, 32), so beschreibt die Apostelgeschichte die Gemeinde der Gläubigen. »Ein Herz und eine Seele« so hieß vor Jahrzehnten auch eine Kultserie von Wolfgang Menge im Fernsehen. Und deren unbestreitbarer Star war Heinz Schubert als Alfred Tetzlaff, besser bekannt als das »Ekel Alfred«. Wir wissen, dass auch am Anfang der Christenheit manches schief gelaufen, manches sehr menschlich und nicht übermenschlich zugegangen ist. Aber als Ansammlung von ekligen Widerlingen wären sie ganz gewiss nicht attraktiv und schon gar nicht »ein Herz und eine Seele« gewesen. Genau so aber charakterisiert die heutige Lesung aus der Apostelgeschichte die ersten Gemeinden.

Und einige Zeilen zuvor heißt es: »*Sie hielten an der Lehre der Apostel fest und an der Gemeinschaft, am Brechen des Brotes und an den Gebeten.*« *(Apg. 2,42)* Damit ist kurz und präzise das Programm der frühen Christen umrissen.

1. Die *Lehre der Apostel:*
Das ist keine nach Gutdünken selbst zusammengestellte Patchwork-Religion, das ist keine Wellness-Religion, keine geschmäcklerisch zusammengestellte spirituelle Kuschelecke. Diese Lehre ist aufregend und anregend.
*»Mit großer Kraft legten die Apostel Zeugnis ab von der Auferstehung Jesu, des Herrn, und reiche Gnade ruhte auf ihnen allen« (Apg 4, 33).*
Die Lehre der Apostel, das ist im Kern die Lehre vom Herrn und Schöpfer der Welt, die Lehre vom menschgewordenen, uns menschlich entgegenkommenden Gott. Und das ist die Lehre vom gekreuzigten und auferstandenen Christus, der uns durch den Tod ins Leben Gottes voranging. Das ist die Lehre vom Heiligen Geist, der uns befähigt zu tun, was wir nicht tun könnten, wenn wir es nicht mit ihm, Gottes Geist, zu tun hätten.

2. Die *Gemeinschaft:*
Das meint tatkräftige Solidarität, nicht Egotrip. Das meint nicht die Verzweiflungsaktion der sogenannten »Ich-AGs«, mit denen Tausende in die Selbständigkeit gelockt wurden und von denen mehr als die Hälfte, ohne von anderen Solidarität zu erfahren, mit Schuldenbergen auf der Strecke blieb.
Gemeinschaft meint Solidarität zwischen Alten und Jungen über die Generationsgrenzen hinweg, das meint Solidarität über die Grundstücks- und Nationalitätsgrenzen hinweg, über die Landes und Standesgrenzen hinweg.
*»Keiner nannte etwas von dem, was er hatte, sein Eigentum, sondern sie hatten alles gemeinsam. ... Es gab auch keine unter ihnen der Not litt« (Apg 4, 34).*
Wenn das auch nur annähernd zutreffend ist, was der Verfasser der Apostelgeschichte, nämlich der Evangelist Lukas, da schreibt, dann wundert mich nicht die Attraktivität und die explosive missionarische Dynamik des Anfangs.

*3. Das Brechen des Brotes:*

Das meint die gemeinsame Eucharistiefeier, die nicht eine unwesentliche verzichtbare Nebensache, sondern Zentrum der Feier unseres Glaubens ist. Die Eucharistie, so sagt es uns das II. Vatikanum, sei »culmen et fons«, Quelle und Gipfel von Gemeinschaft. Aus der Eucharistie entspringt die Gemeinschaft; sie ist zum Beispiel Quelle bei den Kindern, die zur Erstkommunion gehen. Da ist die Eucharistie die Quelle von Gemeinschaft untereinander, die Quelle von Gemeinschaft in und mit der Gemeinde und die Quelle der Gemeinschaft mit Gott. Die Eucharistie ist aber auch der Gipfel der Gemeinschaft, Ausdruck der tiefsten, innigsten Gemeinschaft. Wer im Konzentrationslager oder von Hunger gequält in der Kriegsgefangenschaft sein letztes Brot mit einem anderen Hungerleider teilte, der dokumentierte damit eine letzte Hingabe, der verwies auf den Gipfel von Gemeinschaft.

Wenige Stunden vor seinem grauenvollen Sterben brach Christus seinen Jüngern das Brot, setzte er das Sakrament der Eucharistie ein. Sein Gedächtnis ist keine brotlose Kunst, es vollzieht sich im Teilen des eucharistischen und des täglichen Brotes.

*4. Das Gebet:*

Das meint die persönliche Spiritualität in allen Lebenslagen und an allen Lebensorten, in Kirche und Küche, in Büro und Bistro, im Knast oder in der Kneipe. Im Gebet haben wir immer Chefkontakt, haben wir immer Privat- oder Gruppenaudienz beim Herrn aller Herren. Er hat ein offenes Ohr und ist immer zu sprechen für uns, ja sogar gut auf uns zu sprechen. Sein Anspruch und Zuspruch macht aus dem Redenden einen Schweigenden und einen Hörenden. Er macht sich allen menschlich verständlich; denn sein gutes Wort hat in Christus ein Gesicht bekommen, Herz und Hände, Sinn und Verstand.

Die Lehre der Apostel, die Gemeinschaft, die Eucharistie, das Gebet – das war das Profil, das waren die Charakteristika der frühen Christengemeinden. Das machte ihre ungeheure Attraktivität und ihre explosive missionarische Dynamik aus. Was gehört zu meinem, was gehört zu unserem christlichen Profil? Sind wir als Christen ähnlich profiliert? Und wenn nicht, wie können wir, wie kann ich es wieder werden?

# Dritter Sonntag der Osterzeit

## Eingangslied

Die ganze Welt, Herr Jesu Christ *(GL 332, 1, 3, 5–6)*
Nun jauchzt dem Herren, alle Welt *(GL 144, 4–5)*

## Einführung

*Lesejahr B:*
Die Lesung aus der Apostelgeschichte stellt uns Petrus als freimütigen Prediger der Osterbotschaft vor. Der Feigling, der Jesus ein paar Wochen zuvor verraten hatte und auch unter dem Kreuz nicht zu finden war, predigt nun offen in Jerusalem. Die Ostererfahrung hat ihn völlig verändert. Natürlich kann die Osterpredigt nicht ohne deutliche Kritik an denen abgehen, die bei dem Justizmord an Jesus verantwortlich mitgewirkt haben. Das ist eine gehörige Provokation. Und überdies interpretiert Petrus die Verheißung von König David, er werde nicht dem Tode und der Verwesung preisgegeben ganz gegen die Deutungshoheit der Schriftgelehrten nicht auf David, sondern auf Jesus hin. Euer großer König David, der ist verwest! Aber Christus, den ihr beseitigen wolltet, der ist aus dem Tod heraus- und in ein neues Leben hineingetreten. Der Tod, so sagt Petrus, das sind nur die Wehen für das Hineingeboren-Werden in das vollendete Leben. Lassen wir uns ermutigen zum Zeugnis dafür, dass dies Leben nicht das Einzige und das Letzte ist. Lassen wir uns ermutigen, dass auch unsere Todesnöte nur die Geburtswehen für das Leben in Vollendung sind.

*Lesejahr C:*
Die Lesung aus der Apostelgeschichte berichtet uns, wie Petrus und die Apostel vor dem Tribunal des Hohepriesters stehen.
Unerschrocken, uneingeschüchtert und aufrecht stehen sie da, trotz aller zu erwartender Repressalien. Der mächtige Mann ist ihnen gegenüber machtlos; denn auf seine offiziellen Anweisungen antworten sie schlicht und bestimmt das, was nach ihnen und auf ihr Vorbild hin tausende von Christen vor den

Tribunalen dieser Welt geantwortet haben: »Man muss Gott mehr gehorchen als den Menschen.«

Die Weltgeschichte, so darf man wohl sagen, hätte einen anderen Verlauf genommen, wenn die Christen immer den Mut aufgebracht hätten, dieses Wort zu sagen und zu diesem Wort zu stehen.

Habe ich in meinem Alltag den Mut, dieses Wort nicht nur für wahr zu halten, sondern wahr zu machen? »Man muss Gott mehr gehorchen als den Menschen.«


## ▨ Schuldbekenntnis

*Gesprochen:* Ich bekenne …


## ▨ Gloria

Freu dich, erlöste Christenheit *(GL 337, 1–4)*
Gloria in excelsis Deo *(GL 114)*


## ▨ Lesung *(LJ A: Apg 2, 14.22–33; LJ B: Apg 3, 12a.13–15.17–19; LJ C: Apg 5, 27b–32.40b–41)*

## ▨ Zwischengesang

Freu dich, du Himmelskönigin *(GL 525, 1 u. 3)*
Das ist der Tag, den Gott gemacht *(GL 329, 1 u. 3)*


## ▨ Evangelium *(LJ A/C:Joh 21, 1–19; LJ B: 24, 35–48)*

## ▨ Predigt *(siehe unten)*

## ▨ Credo

Nun freue dich, du Christenheit *(GL-Eigenteil, Strophen 1–2)*
Credo in unum Deum *(GL 122)*

## ■ Fürbitten

In einer Welt, in der der Glaube an Gott und seinen auferstandenen Sohn oft fremd erscheint, beten wir:
– *Stille* – Christus, auferstandener Herr und Meister, ... A.: ... erhöre uns. *(nach jeder Bitte wiederholen.)*
*Oder nach jeder Bitte singen:* Te rogamus *(GL 568(6))*

1.  Für die Menschen, die sich von Gott und der Welt verlassen fühlen, dass sie den Mut finden, in dieser Welt Gott neu zu entdecken.
2.  Für die Menschen, die Christus aus den Augen verloren haben, dass du ihnen die Augen neu öffnest für die Zeichen von Auferstehung und neuem Leben.
3.  Für die Menschen, die nach Gottes Nähe suchen, dass sie sie finden im Gebet, im Sakrament, in guten Menschen.
4.  Für die Menschen, die einen lieben Menschen verloren haben, dass sie ihn geborgen wissen im Leben Gottes.
5.  Für die Menschen, die uns tragen und die uns zu tragen geben, dass wir ihnen in Geduld und Liebe verbunden bleiben.

Für sie alle und für uns selbst bitten wir durch Christus, unsern Herrn.


## ■ Gabenbereitung

Lasst uns erfreuen herzlich sehr *(GL 553, 1–2)*
Die Herrlichkeit des Herrn *(GL 412)*


## ■ Sanctus

Erschalle laut Triumphgesang *(GL-Eigenteil, Strophen 1–2)*
Sanctus, Sanctus *(GL 115)*


## ■ Agnus Dei

Lamm Gottes *(GL 207)*

### ▓ Schlusslied

Wahrer Gott, wir glauben dir *(GL-Eigenteil, Strophen 1–2)*
O Licht der wunderbaren Nacht *(GL 334, 2)*


### ❖ Predigt *(Lesejahr A/C: Joh 21, 1–19)*

### ▓ Zwielichtige Existenzen?

Am Ende des letzten der vier Evangelien, als Johannes schon ein Schlusswort angefügt hat und alles gesagt zu sein scheint, hebt er nochmals an und schreibt sein Nachtragskapitel (Joh 21). Es spielt im Zwielicht der Morgendämmerung, an der Grenze zwischen Tag und Nacht. Es erzählt uns die Geschichte vom reichen Fischfang (1) und die Geschichte einer zweiten Berufung (3). Dazwischen aber steht als Mittelpunkt (2) eine Eucharistieerzählung mit Brot und Fisch.

1. In der völligen Verunsicherung zwischen Karfreitags- und Ostererlebnissen sucht Petrus Sicherheit in dem, was er kann, in seiner beruflichen Arbeit. Er geht mit den Anderen zum Fischen. Und obschon sie doch ihr Handwerk verstehen, fangen sie in dieser Nacht nichts. Man mag das als ein Bild auch für unser Leben lesen. Nach der unsäglichen nächtlichen Mühe des Lebens stehen wir am Ende mit leeren Netzen und leeren Händen da. – Das Evangelium erzählt weiter: *»Als es schon Morgen wurde, stand Jesus am Ufer, aber die Jünger wussten nicht, dass es Jesus war.«* Wie die Jünger steuern auch wir nach der nächtlichen Fahrt des Lebens auf das andere Ufer unserer Existenz zu. Wir Erfolglosen werden erwartet am Ende der Fahrt des Lebens, erwartet von dem, den wir noch nicht kennen. Die Jünger werden von Jesus aufgefordert, zur Unzeit nochmals die Netze auszuwerfen, eigentlich ein aussichtsloses Unterfangen. Und doch machen sie sich auf sein Wort hin auf und sie machen den Fang ihres Lebens. Mir sagt der Text: Wenn wir nach der nächtlichen Mühe des Lebens vielleicht als Erfolglose und Resignierte das Ufer unserer jenseitigen Existenz ansteuern, dann werden wir erwartet von dem, der unverhofft leere Netze und leere Hände füllen kann.

2. Im Evangelium folgt dann die merkwürdige Eucharistieerzählung. *»Keiner wagte zu fragen: Wer bist du? Denn sie wussten, dass es der Herr war.«* Im Zwie-

licht des Morgens in der seltsam schwebenden Situation zwischen Zweifel und Gewissheit lädt der Herr seine Jünger zum Mahl. Unsere Begegnung mit dem Auferstandenen in der Eucharistie ereignet sich auch oft im Zwielicht zwischen Zweifel und Gewissheit. Der Fisch, den die Jünger an Land gezogen haben, ist zugleich mehr als nur ein Nahrungsmittel, er ist ein zeichenhaftes Glaubensbekenntnis. Das Evangelium ist Griechisch geschrieben, und das griechische Wort für Fisch (IChThYS) bezeichnet mit seinen Buchstaben: Jesus Christus, Gottes Sohn, Retter (iesoûs, christós, theós hyiós, sotér). So wird der Fisch zum Hoffnungszeichen und Glaubensbekenntnis. In jeder Eucharistie begegnen wir dem Auferstandenen als Gastgeber des Hoffnungsmahls, sind wir dem Retter, dem Sohn Gottes näher als uns bewusst ist.

3. Und dann schließt sich die Geschichte einer zweiten Berufung an. Zweimal berichtet das Johannesevangelium von einem Kohlenfeuer. Das erste brennt im Hof des hohepriesterlichen Palastes in der Nacht der Gefangennahme Jesu. Und hier verleugnet Petrus seinen Herrn dreimal. Das zweite brennt hier am See von Tiberias. Und hier fragt der auferstandene Herr dreimal: »*Liebst du mich?*« Dreimal bejaht Petrus die Frage. So wird die Erinnerung an das Desaster zu einer Neuberufung und Verwandlung. Einem Versager wird das Hirtenamt für die Herde Christi übertragen und an eine einzige Qualifikation geknüpft: An die Liebe. Auch wir werden nicht auf unser Versagen festgenagelt, wir werden nicht entmutigt, sondern zu einem Neubeginn ermutigt. Und das Startkapital ist einzig die verwandelnde Kraft der Liebe. Im Zwielicht dieser Begegnung des gekreuzigten und auferstandenen Herrn mit seinen Jüngern deutet der Herr auch auf den Tod – und nicht nur den des Petrus – hin: »*Wenn du aber alt geworden bist, wirst du deine Hände ausstrecken und ein anderer wird dich gürten und dich führen, wohin du nicht willst.*«
Unser Weg führt wie der des Petrus auf den Tod zu. Und doch mutet Jesus dem Petrus, den Jüngern und uns das »Folge mir nach!« zu. Aber seine eigene, wenn auch von uns nur im Zwielicht des beginnenden Tages geschaute Gegenwart, hat selbst den Weg in den Tod hinein als Weg durch den Tod hindurch und damit als Lebensweg ausgewiesen. Vielleicht dämmert es uns zwielichtigen Existenzen, dass wir endgültig nicht für die Nacht des Todes, sondern für den Tag des Lebens bestimmt sind. Und vielleicht leuchtet uns im Zwielicht der Begegnung mit dem Auferstandenen, die Hoffnung auf den Tag ohne Abend auf und ein.

# Vierter Sonntag der Osterzeit (Sonntag der geistlichen Berufe; Sonntag des Guten Hirten)

## ▨ Eingangslied

Mein Hirt ist Gott, der Herr *(GL 421, 1–2)*
Hoch sei gepriesen unser Gott *(GL 384, 1 u. 3)*

## ▨ Einführung

*Sonntag des Guten Hirten:*
»Mein Hirt ist Gott, der Herr ...« Sind wir Schafsköpfe, sind wir so belämmert, haben wir das nötig, einen Hirten oder gar noch einen Oberhirten? Der 23. Psalm beginnt mit »Der Herr ist mein Hirte, nichts wird mir fehlen ...« Dieses alte jüdische Gebet hat Jesus, der Psalmbeter, selber gebetet. Der Hirt hatte einen manchmal dramatischen Kampf ums Überleben zu bestehen. Er verteidigte seine Herde; denn sie war seine Lebensgrundlage. Er war auf Gedeih und Verderb mit ihr solidarisch.
Das älteste Bild, das die noch junge Kirche von Christus zeichnete, war das Bild des guten Hirten mit dem verlorenen Schaf auf den Schultern. An diesem Bild orientierte sich die Kirche und nannte ihre Angestellten bald Pastor, d. h. Hirte. Sie sollten in ihrem Tun maßnehmen am guten Hirten und selber gute Hirten werden.
Wir können uns diesem Hirten Christus anvertrauen und an diesem Tag der geistlichen Berufe dafür beten, dass es auch in Zukunft Menschen gibt, die seinen Dienst fortsetzen und, dass sie es in seinem Geist tun.

## ▨ Gloria

Gloria, gloria *(GL 168(1))*
Erschalle laut, Triumphgesang *(GL-Eigenteil, Strophen 1–2)*

■ **Lesung** *(LJ A: 1 Petr 2, 20b–25; LJ B: 1 Joh 3, 1–2; LJ C: Offb 7, 9.14b–17)*

■ **Zwischengesang**

Danket, danket dem Herrn *(GL 406, Kanon für 4 Stimmen)*

■ **Evangelium** *(LJ A Joh 10, 1–10; LJ B: Joh 10, 11–18; LJ C: Joh 10, 27–30)*

■ **Predigt** *(siehe unten)*

■ **Credo**

Wir sind getauft auf Christi Tod *(GL 329, 3–4)*
Credo in unum Deum *(GL 177(1), (2))*

■ **Fürbitten**

»Ich bin gekommen, damit Sie das Leben haben und es in Fülle haben.« Im Vertrauen auf dieses Wort Jesu, unseres guten Hirten, beten wir:
– *Stille* – Jesus, du Guter Hirte, … A.: … steh uns bei. *(nach jeder Bitte wiederholen)*

1. Wir bitten für alle, die einen seelsorglichen Dienst in den Gemeinden tun, für Laien wie Priester. – Dass sie geistliche Menschen sind, die sich von der Liebe zu Gott und zum Nächsten prägen lassen.
2. Wir bitten für alle, denen die Leitung der Kirche anvertraut ist, für den Papst und die Bischöfe. – Dass sie die Zeichen der Zeit erkennen und aus ihren Entscheidungen der Geist Gottes spricht.
3. Wir bitten für alle, die sich vom Glauben abgewandt haben, die nichts mehr zu hoffen wagen. – Dass sie Menschen begegnen, deren Christsein und Menschsein sie zum Neubeginn im Glauben bewegen kann.
4. Wir bitten für alle, die sich von Gott zu einem besonderen Berufs- und Lebensweg gerufen wissen. – Dass sie sich nicht aus Lebensangst verschanzen, sondern mit dem Geist Gottes den Schritt in ihre Berufung wagen.
5. Wir bitten für alle, die in der Familie, in der Schule und am Arbeitsplatz den

Gott des Lebens und das Leben mit Gott bezeugen sollen. – Dass sie selber von der Nähe Gottes ermutigt werden und zur Nähe mit Gott ermutigen.

Herr, segne uns alle, die wir auf verschiedene Weise, an verschiedenen Orten für die unterschiedlichsten Menschen Seelsorger sein sollen und dürfen. Und lass uns ein Segen sein für diese Welt.

### ▨ Gabenbereitung

Freu dich, erlöste Christenheit *(GL 337, 1–2 u. 5)*
Mein Hirt ist Gott der Herr *(GL 421, 3–4)*

### ▨ Sanctus

Nun freue dich, du Christenheit *(GL-Eigenteil, Strophen 1 u. 2)*
Heilig bist du *(GL 198)*

### ▨ Agnus Dei

Lamm Gottes *(GL 207)*
Ich steh vor dir mit leeren Händen, Herr *(GL 442, 1 u. 3)*

### ▨ Schlusslied

Freu dich, du Himmelskönigin *(GL 525, 1–4)*
Wir wollen alle fröhlich sein *(GL 326, 1, 3, 5)*

❖ **Predigt** *(Sonntag der geistlichen Berufe)*

## ▧ Geistliche Berufe(ne)

Der vierte Sonntag der Osterzeit ist in der katholischen Kirche traditionell der »Sonntag vom guten Hirten«, weil hier immer ein Abschnitt aus dem 10. Kapitel des Johannesevangeliums gelesen wird, in dem sich Jesus selbst als der gute Hirte bezeichnet. »Guter Hirte« ist ein Titel, den das Alte Testament Gott selbst zuweist.

Ebenso traditionell wird der Sonntag vom guten Hirten als Sonntag der geistlichen Berufe begangen. An diesem Sonntag soll über geistliche Berufe informiert und für geistliche Berufe geworben und gebetet werden. Das älteste Bild, das die noch junge Kirche von Christus zeichnete, war das Bild des guten Hirten mit dem verlorenen Schaf auf den Schultern. An diesem Bild orientierte sich die Kirche und nannte ihre Angestellten bald Pastor, d. h. Hirte. Sie sollten in ihrem Tun Maß nehmen am guten Hirten und selber gute Hirten werden.

Bischof Heinrich Mussinghoff von Aachen schrieb vor einiger Zeit: »Es gibt sie, die ganz persönliche Berufung Gottes für jede und jeden von uns. (…) Bei den Berufungsgeschichten (…) geht es nicht um persönliche Karriereplanung. Es geht um die Freundschaft mit Christus und darum, ihm nachzufolgen. Das geht nicht ohne Ringen, nicht ohne Durststrecken.« Bis dahin war ich ganz bei ihm. Das konnte ich ganz und gar unterschreiben. Dann aber meinte er: »Die Menschen, die mich fragen: ›Wann schicken Sie uns einen neuen Pfarrer?‹, möchte ich provozierend fragen: Wann hatten Sie in Ihrer Gemeinde die letzte Primiz? Erbitten Sie von Gott Priesterberufe aus Ihrer Gemeinde und aus Ihrer eigenen Familie?«

Diesen Trick, sich die Einreden und Widerreden der Laien vom Leibe zu halten, den kannte ich seit Jahrzehnten. In meiner ersten priesterlichen Dienststelle, in der ich bei vollem Stundendeputat am Gymnasium, nebenamtlich in einer Doppelgemeinde mitwirkte, fragte ein im Kirchenvorstand engagiertes Gemeindemitglied, um mich etwas zu entlasten, den damaligen Weihbischof: »Wann schicken Sie uns denn wieder einen Kaplan?« Und prompt kam die Gegenfrage des Weihbischofs: »Wann war denn in dieser Gemeinde die letzte Primiz?« Und das Kirchenvorstandsmitglied – bestens präpariert – nannte sieben Daten. Es gab in der Tat damals sieben noch aktive und dieser Doppelgemeinde entstammende Priester. Heute sind es nur noch zwei. Das Ereignis ist dreißig Jahre her. Es hat genügend Hinweise auf die seither eingetretene dramatische Entwicklung gegeben. Es wäre genügend Zeit gewesen, die Zeichen der Zeit zu erkennen und im Vertrauen auf Gottes Geist dem *Geistlichen-Mangel* und dem *geistlichen Mangel* durch die Änderung der Zugangsbedingungen zum geistlichen Beruf entgegen zu wirken. Aber das Vertrauen auf den Geist Gottes hat wohl nicht nur im Kirchenvolk, sondern auch in der Kirchenleitung gefehlt. Und darum fand man damals keine geistvolle Problemlösung. Und darum findet sich heute fast keine geistliche Berufung mehr.

Und Bischof Mussinghoff setzt fort: »Ich wünsche uns, dass wir wieder häufiger die Erfahrung machen, dass eine junge Frau oder ein junger Mann nach reiflicher Prüfung sagt: Hier bin ich, nicht ohne Umwege, nicht ohne Verletzungen, nicht ohne Brüche, aber hier bin ich, weil ich meine Hoffnung auf Gott setze.« Genau das wünsche ich unserer Kirche von ganzem Herzen auch. Aber zugleich frage ich auch – ganz ohne eigene Interessen – ob diese unsere Kirchenleitung Gott vorschreiben darf, zu welchen Konditionen er geistliche Menschen, Männer wie Frauen, berufen und in Dienst nehmen darf. Die Konditionen Jesu in Sachen Berufung waren offensichtlich andere.

Franz Kamphaus schrieb zum Tag der geistlichen Berufe einen Text, der mich nachhaltiger angesprochen hat:

*»Manchmal, in einer ruhigen Stunde, frage ich mich: Was erwartest du noch? Ich merke, wie meine kleine Welt an den eigenen vier Wänden endet und ich zufrieden bin, wenn es dort so läuft, wie es halt läuft. Ist das alles? Das kann doch nicht alles sein! (…) Ewiges Leben heißt ja nicht, dass es endlos so weitergeht, meint nicht eine Verjenseitigung dessen, was ist. (…) Ewiges Leben heißt neuer Himmel und neue Erde (Offb 21, 1), Durchbruch in eine neue Dimension jenseits der Zeit: Glück, das nicht mit dem Unglück anderer bezahlt wird; Lust, die nicht Privatvergnügen oder Gruppenprivileg bleibt, sondern alle erfasst; Jubel darüber, dass alle zu ihrem Recht kommen und Frieden finden. (…) Christen verachten nicht das, was ist. Aber sie lassen sich damit nicht abspeisen. Ihre Sehnsucht, ihre Lust am Leben greifen weit darüber hinaus; sie wittern mit allen Sinnen die Signale des ewigen Lebens«* (Osterpredigt von Bischof Dr. Franz Kamphaus im Limburger Dom 2004).

Was ist, wenn niemand mehr diese Sehnsucht nach Leben, diese Lust am Leben, diese die Raumzeit sprengende Verheißung ewigen Lebens in uns wach hält? Dann verarmt schon dieses Leben, versackt schon dieses Leben in Belanglosigkeit und Mittelmäßigkeit, weil dem Diesseitigen der Geruch und der Geschmack des Jenseitigen abhanden gekommen ist, weil das vordergründige alltägliche Einheitsgrau nicht mehr von einem verheißungsvoll hintergründigen Licht durchstrahlt und in Farbe gesetzt wird, weil das zeitliche Leben nicht mehr irritiert und inspiriert wird durch die Option des ewigen Lebens.

Diese Welt braucht zu allen Zeiten, geistliche Frauen und Männer, die mit beiden Beinen mitten in dieser Welt stehen und zugleich darüber stehen, die die Dinge dieser Welt nüchtern sehen und zugleich darüber hinaus sehen, die um die Grenzen des anscheinend Möglichen wissen und doch das scheinbar Unmögliche von Gott erhoffen. Für diese Irritation und Inspiration des Zeitlichen durch das Ewige braucht es zum Geistlichen Berufene und geistliche Berufe, braucht es Sie und mich.

# Christi Himmelfahrt

## ▌ Lied

Ihr Christen, hoch erfreuet euch *(GL 339, 1–4)*
Gen Himmel aufgefahren ist *(GL-Eigenteil, Strophen 1–3)*

## ▌ Einführung

Über dem Fest Christi Himmelfahrt liegt etwas von der Melancholie eines Abschieds. Für die Jünger damals werden bei diesem Abschied Verunsicherung, Traurigkeit und Schmerz mitgeschwungen haben. Das Gefühl, von Gott verlassen zu sein, mag auch heute das Lebensgefühl mancher Menschen prägen.
Aber eigentlich wurde nicht Christus von uns abberufen, sondern wir als seine Sachwalter einberufen. Wir feiern also nicht Verabschiedung, sondern Beauftragung. Er hat nicht auf Nimmerwiedersehen von uns Abschied genommen, sondern er hat uns in Dienst genommen. Ein Gebet aus unbekannter Feder formuliert das so:
»Christus hat keine Hände, nur unsere Hände, um seine Arbeit heute zu tun. Er hat keine Füße, nur unsere Füße, um Menschen auf seinen Weg zu führen. Er hat keine Lippen, nur unsere Lippen, um Menschen von ihm zu erzählen. Wir sind die einzige Bibel, die die Öffentlichkeit noch liest. Wir sind Gottes Botschaft, in Taten und Worten geschrieben.«

## ▌ Kyrie

Send uns deines Geistes Kraft *(GL 165)*

## ▌ Gloria

Christ fuhr gen Himmel *(GL 228)*
Lobet und preiset *(GL 408 u. 168(2), nur die Verse)*

■ **Lesung** *(LC Apg 1, 1–11)*

■ **Zwischengesang**

Jesus lebt, mit ihm auch ich *(GL 336, 2)*
Send deinen Geist, Herr Jesu Christ *(GL-Eigenteil, Strophe 1)*

■ **Evangelium** *(Lk 24, 46–53)*

■ **Predigt** *(siehe unten)*

■ **Credo und Fürbitten**

*Einleitung:*
Zwischen Christi Himmelfahrt und Pfingsten wurde die Pfingstnovene gebetet, die jahrhundertealte Bitte um Gottes Geist für die jeweilige Zeit. Zugleich ist der Pfingsthymnus auch das Bekenntnis zum Heiligen Geist. Auch unsere Zeit hat Gottes Geist sehr nötig, Grund genug auch für uns, uns der alten Gebetstradition anzuschließen. Wir singen Lied Nr. 344 im Wechsel zwischen Vorsänger und Gemeinde. Dabei brauchen wir nur jeweils die Melodie nachzusingen, die uns vorgesungen wird. Wenn der Heilige Geist wenigstens bei dem Einen oder der Anderen schon anwesend ist, wird das klappen.

Pfingstsequenz *(GL 344)*

■ **Gabenbereitung**

*Orgelsolo oder:*
Nun freut euch hier und überall *(GL-Eigenteil, Strophen 1–2)*

■ **Sanctus**

Nun lobet Gott im hohen Thron *(GL 393)*
Heilig, heilig *(GL 135)*

## ▓ Agnus Dei

Also sprach beim Abendmahle *(GL 281, 1–2)*
Lamm Gottes, Lamm Gottes *(GL 206)*


## ▓ Schlusslied

Komm, Heilger Geist, der Leben schafft *(GL 342, 1–4)*
Singt dem Herrn alle Länder der Erde *(GL 54(1), (2))*


## ❖ Predigt

## ▓ Näher als wir uns selbst

Christi Himmelfahrt – bei Lukas 40 Tage nach Ostern, nach einer Zeit des Wachsens und Reifens im Osterglauben – ist auf den ersten Blick das Fest eines Abschieds. Da hebt einer ab und macht sich aus dem Staub der Welt, ein geglücktes Himmelfahrtskommando, so scheint es, wenn man die Texte wortwörtlich missversteht. Dann bleibt nur ein sich abhebender und ein vom Erdenelend abgehobener Gott übrig.

»Der schwebt wie auf Wolken. Der ist im siebten Himmel.« Das sagt man wohl von jemandem, der frisch verliebt ist. Zugleich haben Angehörige oder Freunde aber vielleicht auch die Befürchtung, dass der den Bodenkontakt verloren hat oder zu verlieren droht. Bei einem solchen Menschen, der im siebten Himmel schwebt, hat sich die Wirklichkeitswahrnehmung geändert.
Nach dem schlagerschnulzigen »Ich tanze mit dir in den Himmel hinein, in den siebenten Himmel der Liebe.« kommt dann manchmal ein ziemlich herber Absturz, eine böse Bruchlandung auf den Betonboden der Wirklichkeit.
Aber immerhin kennen wir die Erfahrung des Abhebens zu einer neuen Wirklichkeitswahrnehmung. Es hat etwas Erhebendes, das Aufsteigen aus, das Sich-Verabschieden von den Niederungen des alltäglichen Hier und Jetzt. Das zeitweilige Stehen über den Fragen und Sorgen und Nöten der Zeit ist uns zumindest als Übergangsphänomen vertraut.
Ist so der Abschied Jesu zu deuten?

Etwas ganz anderes sieht der damals schon todkranke Dichter und Karikaturist Robert Gernhardt beim Thema *Abschied*. Sein gleichnamiges Gedicht geht so:

### Abschied

*Ich könnte mir vorstelln,*
*mich so zu empfehlen:*

*Die Zeit. Ich will sie euch*
*nicht länger stehlen.*

*Den Raum. Ich will ihn euch*
*nicht länger rauben.*

*Den Stuss. Ich will ihn euch*
*nicht länger glauben.*

*Das Ohr. Ich will es euch*
*nicht länger leihen.*

*Das Aug. Ich will es euch*
*nicht länger weihen.*

*Das Hirn. Ich will es euch*
*nicht länger mieten.*

*Die Stirn. Ich will sie euch*
*nicht länger bieten.*

*Das Herz. Ich will es euch*
*nicht länger borgen.*

*Den Rest? Den müsst ihr*
*schon selber entsorgen.*

*Robert Gernhardt*

Hier ist der Abschied der Abbruch aller Brücken zu Raum und Zeit, der Abbruch aller Brücken zu den anderen Menschen. Das Gedicht ist ein Zehnzeiler mit acht Negationen. Der Materierest ist von den Hinterbliebenen wie Sondermüll zu entsorgen. »Das Zeitliche segnen« sieht anders aus.

Was ist nun der Abschied, das Abheben in wolkige Sphären oder das Versenken von Sondermüll?

Der Mensch Jesus Christus hat zeitlebens mit beiden Beinen auf der Erde gestanden und die Erde mit Wort und Tat dem Himmel näher gebracht. Er hat den Himmel geerdet in seiner Geburt. Er hat am Kreuz aufgehängt und sterbend der tödlichen Erde den Himmel näher gebracht. Er hat in seiner Auferstehung diese Erde des Todes zum Himmel des Lebens hin geöffnet. Das Fest Christi Himmelfahrt setzt diese Verbindung zwischen Himmel und Erde fort. Es sagt uns: In Jesus Christus ist der Mensch im Himmel angekommen, in die endgültige, beseligende Nähe Gottes. In ihm ist ein erstes Exemplar der Menschheit im Himmel angekommen. Er ist der Prototyp dessen, was mit uns in Serie gehen soll.
Der Gott, der Himmel und Erde geschaffen und sie in seiner Menschwerdung miteinander verbunden hat, der lässt Erde und Mensch nicht ins Nichts fallen. Der Gott, der das zeitliche Erdendasein des Menschen in der Auferstehung Jesu Christi auf Gottes Ewigkeit hin entfristet hat, der lässt die Welt und den Menschen nicht als selbst zu entsorgenden Sondermüll hinter sich.

Der Gott des Himmels ist und bleibt der Gott der Erde. Er bleibt der Erde treu bis zur Vollendung der Erde und des Menschen. Dieser Gott der Erde hat sich nicht auf Nimmerwiedersehen zur Transzendenz hin verflüchtigt. Dieser Gott des Himmels bleibt immanent tätig und erfahrbar in seiner Schöpfung und im Menschen, den er mit seinem Geist irritiert und inspiriert. Der Gott des Himmels und der Erde ist immanent und transzendent zugleich.
Der katholische Publizist und Verleger Bernhard Meuser (geb. 1953) definiert in dieser Einsicht Himmel sehr erdennah auf dichterische Weise so:

### Mein Himmel

*Mein Himmel, Gott,*
*ist Deine Hand.*
*Sie schützt mich vor allem –*

*sogar vor mir selbst.*
*Sie birgt mich in allem –*
*sogar im Tod.*
*Sie trägt mich über alles –*
*sogar zu Dir.*
*Mein Himmel, Gott,*
*ist Deine Hand.*

*Bernhard Meuser*

Der aus der Zeit zu Gott gegangene Christus reicht uns von nun an zu aller Zeit seine Hand, seine allgegenwärtige, allmächtige und allgütige Hand. Er ist die Raum und Zeit umgreifende und übergreifende Handreichung Gottes für uns. In seinem Geist ist und bleibt er uns näher als wir uns selbst. Der konnte das Zeitliche segnen, weil er es mit Gottes Ewigkeit gesegnet wusste.

# Pfingstsonntag

## ▣ Eingangslied

Der Geist des Herrn erfüllt das All *(GL 347, 1 u. 3)*
Jesus Christ, you are my life *(GL 324, 1–4)*

## ▣ Einführung

»Pfingsten heißt, in das Kraftfeld Gottes geraten«, so las ich vor längerer Zeit und finde bis heute: Das ist eine gute bündige Zusammenfassung dessen, was an Pfingsten geschieht.

Der evangelische Theologe Jürgen Moltmann schreibt: »Durch die Energien und Möglichkeiten des Geistes ist der Schöpfer selbst in seiner Schöpfung präsent. Er steht ihr nicht nur transzendent gegenüber, sondern geht auch in sie ein und ist ihr zugleich immanent« (vgl. Moltmann, Gott in der Schöpfung, S. 23 f.).

Heiliger Geist, das ist die Präsenz Gottes in dieser Welt. Heiliger Geist zeigt sich immer da, ist immer da am Werke, wo einer etwas tut, was er nicht tun könnte oder nicht tun würde, wenn er es nicht mit Gott zu tun hätte. – Ist Gott präsent auch in mir, auch durch mich?

*Oder:*

Pfingsten, so sagen manche Theologen, sei die Geburtsstunde der Kirche. Die Aussendung des Heiligen Geistes befähigt die verängstigten, desorientierten und sich verbarrikadierenden Jünger, öffentlich aufzutreten. Der Geist Gottes befähigt sie, endlich ihr Wort zu machen in der Verkündigung der frohen Botschaft, im Disput mit anderen religiösen und philosophischen Strömungen, in der Verteidigung des Glaubens vor Thronen und Tribunalen. Der Geist Gottes befähigt sie zu handeln mit Gerechtigkeit, Barmherzigkeit und Menschlichkeit. Der Geist Gottes befähigt sie zur Hingabe an die Sache Jesu, ja selbst zur Lebenshingabe für die Sache Jesu. Die Jünger tun fortan, was sie nicht hätten tun können, wenn sie es nicht mit dem Geist Gottes zu tun hätten.

Die meisten von uns sind nicht nur getauft, sondern auch gefirmt. Was tun wir im Geiste Jesu? Gestalten wir die Kirche mit? Wirkt sich sein Geist in unserem Leben aus, bewirken wir etwas aus seinem Geist?

## Kyrie

Send uns deines Geistes Kraft *(GL 165, Vorsänger)*
Geist, der die Herzen wandelt *(GL 565(8))*

## Gloria

Ich lobe meinen Gott *(GL 383, 1–3, Vorsänger)*
Gloria in excelsis Deo *(GL 109)*

## Lesung *(Apg 2, 1–11)*

## Zwischengesang

Komm, Heilger Geist, der Leben schafft *(GL 342, 1–2)*
Der Geist des Herrn erfüllt den Erdkreis *(GL 646, 1)*

## Evangelium *(Joh 20, 19–23)*

## Predigt *(siehe unten)*

## Fürbitten und Credo

Am Pfingsttag hat Gott seinen Aposteln den Heiligen Geist gesandt. Er machte sie fähig zu Taten, die sie aus eigener Kraft nie vermocht hätten. Auch wir wollen den Geist Gottes erbitten und so singen wir gemeinsam:
Komm, Heilger Geist *(GL 565(12), (13), (14))*
*Oder:*
Komm, o Geist der Heiligkeit *(GL-Eigenteil)*

*Oder in kleiner Gruppe freie Fürbitten, danach jeweils:* Veni Sancte Spiritus *(GL 345(2))*

## ■ Gabenbereitung

*pfingstliches Orgelspiel*

## ■ Sanctus

Komm Schöpfer Geist, kehr bei uns *(GL 351, 1 u. 6)*
Heilig, heilig *(GL 138)*

## ■ Agnus Dei

Gib uns Frieden jeden Tag *(Tr 284; GL-Eigenteil, Strophen 1–2)*
Agnus Dei *(GL 111)*

## ■ Danksagung

Erde, singe, dass es klinge *(GL 411, 1–2)*
Der Geist des Herrn erfüllt das All *(GL 347)*

## ■ Schlusslied

Du, Herr, gabst uns dein festes Wort *(Tr 428; GL-Eigenteil, 1–3)*
Atme in uns, Heiliger Geist *(GL 346)*

*Dann Orgelstück, das nach »Pfingstgetöse« klingt*

## ❖ Predigt

## ■ Im Anfang war der Geist

*Im Anfang war der Geist, und seine Flamme
erfaßte alles, was nicht seinesgleichen war.*

Vor seiner Glut entsprang das Reis dem Stamme,
Gebirge brachen auf aus totem Schlamme,
und Flüsse strömten wild und wunderbar.

Sein Atem ging und wärmte die Planeten,
und kreisend fuhr sein Schwung in ihre Schar
und jagte sie nach ersten steten
Gesetzen, und die Stürme wehten
und teilten Land und Wasser, das da war.

Es schuf der Geist, und seine Sendung
war Liebe und sein Wille Licht,
sein Sinn war Demut und sein Maß Verschwendung,
sein Weg war Wahrheit und sein Ziel Vollendung,
Unsterblichkeit sein Angesicht.

Es kam der Mensch. Und seines Herzens Sehnen
war, diesem Geiste gleich zu sein.
Wohl büßt er solchen Drang mit tausend Tränen,
und stündlich fließen sie noch denen,
die solchem Ziele ihren Odem leihn –

Doch keiner, dem dabei das Haar ergraute,
war dieser Unrast eine Stunde gram,
kein Junger, der in diesen Spiegel schaute!
Und keiner, der an diesem Hause baute,
der nicht die Hoffnung mit ins Schweigen nahm …

Die Hoffnung, daß der irdischen Bedrängnis
ein großer Wille Ziel und Stunde weist,
und daß das bitterste Verhängnis
sich kehrt zu göttlicher Empfängnis:
Am Ende aber steht der Geist.

Rudolf Hagelstange

*»Im Anfang schuf Gott Himmel und Erde … und der Geist Gottes schwebte über dem Wasser«* (Gen 1, 1–2). So beginnt das Buch Genesis und damit das Alte Testament.

*»Im Anfang war das Wort, und das Wort war bei Gott und das Wort war Gott«* (Joh 1, 1). So beginnt das Johannesevangelium.

Die Heilige Schrift des Alten wie des Neuen Testaments setzt den göttlichen Geist an den Anfang der Kosmos- und Weltgeschichte und an den Anfang der Heilsgeschichte.

Gottes Geist ist im AT der alles initiierende und inspirierende Ursprung, aus dem sich der Kosmos im Ganzen, unser Planet Erde, das Leben und der Mensch entwickeln.

Ein geistiges Prinzip, nämlich das schöpferische Wort Gottes, ist nach dem Johannesevangelium nicht nur der Beginn der Weltgeschichte, sondern auch der Beginn der Heilsgeschichte.

Die Materie ist nicht aus sich selbst, ist nicht das einzige und letzte, von dem alles herkommt und auf das alles hinausläuft. Sie entspringt mit ihrer unglaublich intelligiblen Struktur einem geistigen Prinzip und bleibt darum eine geistige Herausforderung.

Im Blick auf die biblischen Texte könnte man dem Dichter Rudolf Hagelstange beipflichten: Im Anfang war der Geist. Den Anfang setzt der Geist, der Geist, der meinen Geist unendlich übersteigt. Und der göttliche Geist hat doch zugleich das unscheinbare Saatkorn des Geistes in einen jeden Menschen gelegt. So ist der Mensch mit Geist begabt. Der Geist ist gewissermaßen als hoffnungsvolle Morgengabe, als zur Hoffnung Anlass gebende Mitgift in alles, besonders in den Menschen hineingelegt.

Wir können mit unserem beschränkten menschlichen Geist nachdenken – und zwar dem nachdenken, was der schrankenlose Geist Gottes vorgedacht hat.

Wie in der Pfingstgeschichte beschreibt Hagelstange den Geist als Flamme:
> *»Im Anfang war der Geist und seine Flamme erfasst alles, was nicht seinesgleichen war …«*

Er beschreibt ihn als den Leben und Naturgesetzlichkeit einhauchenden Atem:
> *»Sein Atem ging und wärmte die Planeten, und kreisend fuhr sein Schwung in ihre Schar und jagte sie nach ersten steten Gesetzen …«.*

Er beschreibt ihn als Sturm, also als eine unsichtbare Kraft, die doch das Sichtbare, die flüssige und feste Materie trennt.

Aber nicht nur das naturwissenschaftlichen Gesetzen folgende, wissenschaftlich Erfassbare entsteht aus dem göttlichen Geist, sondern auch das den moralischen Gesetzen folgende, das ethisch Erfassbare geht aus ihm hervor. Hagelstange nennt: »Liebe ... Licht ... Demut ... verschwenderische Fülle ... Wahrheit ... Vollendung ... Unsterblichkeit ...«

Wenn die Heilige Schrift sagt *»Gott schuf den Menschen nach seinem Bilde«,* oder *»als sein Abbild.«,* so legt sie nahe, dass der Mensch in besonderer Weise Träger des göttlichen Geistes ist, dass der Mensch den Geist als innere Bestimmung in sich trägt.

*»Es kam der Mensch. Und seines Herzens Sehnen/ war, diesem Geiste gleich*
*zu sein./ Wohl büßt er solchen Drang mit tausend Tränen,/ und stündlich*
*fließen sie noch denen,/ die solchem Ziele ihren Odem leihn.«*

Der Mensch kann seiner Bestimmung nur entsprechen, wenn er nach der Wahrheit des Geistes, nach dem wissenschaftlich Richtigen und dem moralisch Guten sucht. Diese Suche nach der Wahrheit des Geistes ist mühevoll und lebensfüllend, aber zugleich auch hoffnungsvoll und lebenserfüllend.

Die Hoffnung des Menschen, die Hoffnung, die er an Pfingsten bedenkt und feiert, ist die, dass er, der mit seinem Leben und Denken vom Geist Gottes herkommt, mit seinem Leben und Denken zum Geist Gottes wieder hinfindet, in Gott Vollendung findet.

*»Die Hoffnung, daß der irdischen Bedrängnis/ ein großer Wille Ziel und Stun-*
*de weist,/ und daß das bitterste Verhängnis/ sich kehrt zu göttlicher Emp-*
*fängnis:/ Am Ende aber steht der Geist.«*

Der Geist ist es, der uns trotz aller Irrtümer zum Erkennen und zum Tun des Richtigen in der Wissenschaft ermutigt und befähigt. Der Geist ist es, der uns trotz aller Schuld zum Erkennen und Tun des Guten in der Ethik ermutigt und befähigt. Der Geist führt uns in die Wahrheit, die Gott in uns angelegt hat. Er führt uns in die Wahrheit, die Gott schenkt, die Gott in Vollendung ist.

# Pfingstmontag

## Eingangslied

Komm, Schöpfer Geist, kehr bei uns ein *(GL 351, 1–2 u. 4)*
Nun bitten wir den Heiligen Geist *(GL 348, 2 u. 4–5)*

## Einführung

*»Pfingsten, das liebliche Fest, war gekommen; es grünten und blühten Feld und Wald; auf Hügeln und Höhn, in Büschen und Hecken übten ein fröhliches Lied die neu ermunterten Vögel; jede Wiese sprosste von Blumen in duftenden Gründen, festlich heiter glänzte der Himmel und farbig die Erde.«*

Mit diesem Lobpreis des Pfingstfestes in überschwänglichen Zeilen beginnt Goethe seine Dichtung »Reinecke Fuchs«. Pfingsten als Aufbruch zum Leben – als Ausbruch des Lebens.

Pfingsten sagt uns: es muss nicht alles in Verödung, Verwüstung, Verblödung bleiben. Die Welt ist – gottlob – geistvoll. Sie ist nicht unverbesserlich.

Sie ist verbesserlich, wenn auch zugegebenermaßen verbesserungsbedürftig.

Aber sie ist auch – durch Gottes Geist – verbesserungswürdig und verbesserungsfähig wie wir.

Sie ist auch – durch Gottes Geistesgegenwart – verbesserungswürdig und verbesserungsfähig durch uns.

Gottes Geist will sich in uns und durch uns auswirken in dieser Welt zum Heil dieser Welt. Stehe ich ihm dabei im Wege, oder gehe ich ihm dabei zur Hand?

## Kyrie

Herr Jesus Christus:
Du bist der Weg, der uns zum Lebensziel führt. Herr, erbarme dich …
Du bist die Wahrheit, die uns in jedem Geschöpf aufleuchtet. Christus, …
Du bist das Leben, das uns in Fülle verheißen ist. Herr, erbarme dich …

## ▮ Gloria

Allein Gott in der Höh *(GL 170, 1–2)*
Gott in der Höh *(GL 172)*

## ▮ Lesung *(LJ A: Apg 10, 34–35.42–48a; LJ B: Apg 8, 1b.4.14–17; LJ C: Apg 19, 1b–6a)*

## ▮ Zwischengesang

Dass du mich einstimmen lässt *(GL 389, 1–3)*
Laudate Dominum *(GL 394)*

## ▮ Evangelium *(LJ A: Joh 15, 26–16, 3.12–15; LJ B: Lk 10, 21–24; LJ C: Joh 3, 16–21)*

## ▮ Predigt *(siehe unten)*

## ▮ Fürbitten

Herr, wir danken dir für deinen Leben schaffenden Heiligen Geist. Wir vertrauen darauf, dass er uns zu vertieftem Glauben und tätiger Liebe bewegen kann. In diesem Sinne bitten wir dich:
*Singen:* Sende aus deinen Geist *(GL 645(3))*

1. Lass deinen Geist wirksam werden in unserem Miteinander, in den Ehen, an den Arbeitsplätzen, im Verhältnis der Generationen zueinander.
2. Lass ihn wirksam werden, wo Menschen geneigt sind, sich mehr auf den eigenen Geist zu verlassen, in der Politik, in der Wirtschaft, in der Forschung und Lehre.
3. Lass ihn wirksam werden in unserem Umgang mit der Schöpfung, damit wir sie nicht ausbeuten, sondern als deine großzügige Leihgabe erhalten und weitergeben an die, die nach uns kommen.
4. Lass ihn wirksam werden in den Christen aller Konfessionen, dass sie die

konfessionelle Kleingeisterei endlich beenden und inspiriert von deinem Geist zueinander und zu dir finden.

Herr, deine Macht hört nicht auf, wo die Kirche aufhört. Darum bitten wir, dass dein Wille geschehe in aller Welt und zum Heil aller Welt. Amen.

## Gabenbereitung

Atme in uns, Heiliger Geist *(GL 346)*
Komm, Heilger Geist, der Leben schafft *(GL 342, 1 u. 3)*

## Sanctus

Heilig, heilig *(GL 191)*

## Agnus Dei

Komm, o Tröster, Heilger Geist *(GL 349, 1–5)*
Lamm Gottes *(GL 205)*

## Dank

Geist der Zuversicht *(GL 350, Kanon für 2 Stimmen)*
Gott gab uns Atem *(GL 468)*

## Schlusslied

Ein Haus voll Glorie schauet *(GL 478, 3 u. 5)*

Gottesdienste für die Fasten- und Osterzeit

❖ Predigt

## ▮ Von den Wirkungen des Geistes

Liebe Schwestern und Brüder im Glauben!

Sieben ist eine wichtige und heilige Zahl in der Bibel. Der Schöpfungshymnus der Priesterschrift, entstanden im 6. vorchristlichen Jahrhundert, stellt die Entstehung der Welt und des Menschen als Siebentagewerk des schöpferischen Gottes vor. Das Vater-unser-Gebet ist siebenfach gegliedert. In den sieben Sakramenten, die Zeichen und Werkzeuge des Heiles durch Gott sind, empfangen wir Gottes Kraft für unser Leben im Blick auf die Ewigkeit.

Pfingsten ist das Fest des Heiligen Geistes. Er ist nur in seinen Wirkungen zu beschreiben, weil er nicht sichtbar und nicht greifbar ist. Er weht, wo er will. Nur in Bildern und Vergleichen ist er beschreibbar: Die Taube, der Wind, der Sturm, das Feuer, das Wasser, alles Bilder des Geistes, die beschreiben, wie er wirkt. Der Prophet Jesaja (11, 1f.) beschreibt diesen Geist als den Geist der Weisheit und der Einsicht, als den Geist des Rates und der Stärke, als den Geist der Erkenntnis und der Gottesfurcht. Die Tradition ergänzt diese Gaben um die Frömmigkeit, die sie zur Entfaltung der Siebenzahl hinzufügt.

Man kann, wenn man will, auch sieben Spektralfarben des weißen Lichtes ausmachen, von Violett, über Blau, Türkis, Grün, Gelb und Orange bis Rot. So bricht sich das Licht des Geistes am Prisma unseres Lebens. Der weiße Lichtstrahl wird gebrochen hinein in unser konkretes Leben und lässt dort, wo alle nur Kahlschlag und Abstumpfung sehen, doch noch aus dem Wasser, dem Kohlendioxid der Luft und dem Licht neues, unerwartetes Leben aufbrechen.

Was bedeutet uns der Heilige Geist mit sieben Gaben?

1.  die Gabe der Weisheit: *lerne unterscheiden zwischen wichtig und unwichtig, zwischen richtig und falsch!*

Weisheit ist keine Bauernschläue, keine Raffinesse, keine Verschlagenheit, keine kurzatmige Vorteilsnahme. Weisheit fragt nach dem letzten Grund der Wirklichkeit, nach dem Ziel unseres Daseins, nach dem Grund für die Hoffnung. Weisheit, lateinisch *sapientia*, von *sapere* dem Verb für schmecken abgeleitet, ist so etwas wie der Geschmack an der Wirklichkeit. Weisheit ist die Gabe, den Geschmack für das wirklich Wichtige so auszubilden, dass wir uns auf dem Markt der Möglichkeiten nicht von allem und jedem sättigen und voll stopfen lassen.

2. die Gabe der Einsicht: *Schau tiefer als nur auf die Oberfläche!*

Täglich stürzt eine Unmenge von Bildern auf uns ein. Die Medien geben uns scheinbar Anteil an Gottes Allgegenwart. Aber die Medien forschen uns auch aus, schlimmer noch als manche skrupulöse Menschen es früher einem indiskreten kleinkarierten Gott unterstellt haben. »Ein Auge ist, das alles sieht, auch was in dunkler Nacht geschieht.« Die Gabe der Einsicht bedeutet: Hineinsehen in die Mitte der Dinge. Ein Mensch mit Einsicht entdeckt in seinen Erfahrungen einen roten Faden und sieht mit Erstaunen, dass die scheinbar beliebigen und belanglosen Lebenszusammenhänge ihm etwas sagen wollen.

3. die Gabe des Rates: *Gib Rat und nimm Rat an, und teile dein Leben mit anderen!*

Keinem gab Gott alles, keinem gab Gott nichts. Niemand kann alles und niemand kann nichts. Aber wir sollen menschlich sein und klug sein mit unseren Ratschlägen. Ratschläge können Schläge sein oder als solche empfunden werden. Bleiben wir aber auch dankbar für jeden guten Rat.

Haben auch wir den Mut über unser Leben zu reden und unsere Lebenserfahrungen denen zu erzählen, die uns danach ehrlich fragen. Dabei gilt: Dränge niemandem etwas auf, wenn du nicht gefragt wirst. Aber lebe stets so, dass du gefragt wirst.

4. die Gabe der Erkenntnis und Wissenschaft: *Setze deinen Verstand ein auch in Glaubensdingen!*

Manche Menschen meinen: Wer nichts weiß, muss alles glauben! Sie tun so, als sei das Glauben ein schlechteres Wissen und je mehr man wüsste, desto weniger müsste man glauben. Vielleicht ist es eher umgekehrt: Wer nichts glaubt, muss behaupten, alles zu wissen oder zumindest wissen zu können. Aber das ist auch nur ein Glaube, und ein überheblicher dazu. Manch ein Wissenschaftler glaubt, dass er weiß. Der Theologe weiß, dass er glaubt und dass auch der Wissenschaftler glaubt. Aber nicht nur in der Wissenschaft, auch im Glauben müssen wir lernfähig und lernwillig bleiben. Der erste Glaube, auf dem alle Wissenschaft basiert, ist der an die Wahrheitsfähigkeit menschlicher Erkenntnis. Auch der größtmögliche Wissensbestand bedarf im Letzten der Deutung aus dem Glauben, einer Deutung von Gott her und auf Gott hin.

5. die Gabe der Stärke: *Bleib bei einer Sache und flüchte nicht sofort, wenn es schwierig wird!*

Stärke bedeutet für viele Muskelkraft, körperliche Stärke, Ellenbogen mit Durchsetzungsvermögen. Wichtiger und richtiger für die Lebensgestaltung ist eine Stärke, die uns befähigt durchzuhalten in Schwierigkeiten. Das gilt auch für unser Leben mit Gott. Glaubenszweifel dürfen wir zulassen und aufarbeiten. Wir dürfen zweifeln, aber haben keinen Grund zum Verzweifeln. Wir können uns auch zu einem besseren Glauben hindurchzweifeln. Das gilt in beruflichen und auch in persönlichen Krisen. Nicht weil wir aus uns heraus stark sind, sondern weil wir uns durch Gottes Nähe, durch sein Wort und Sakrament stärken lassen können, sind wir stark. Christen können tun, was sie nicht tun könnten, wenn sie es nicht mit Gott zu tun hätten.

6. die Gabe der Frömmigkeit: *Lass den Faden nach oben nicht abreißen! Lass dein Leben nicht entwurzeln!*

Frömmigkeit verbinden wir oft mit Betulichkeit, mit Bigotterie oder mit Frömmelei, die abstoßend für andere ist. Dabei ist Frömmigkeit die ständige Aufmerksamkeit für den großen Gott in Alltag und Festtag, in Freude und Sorge, in Hektik und Ruhe. Die Gabe der Frömmigkeit kann man mit dem Vaterunser buchstabieren. Gott und sein Reich hoch und in Ehren halten, seinen Willen geschehen lassen, das tägliche Brot, also das Lebensnotwendige miteinander teilen, um die Schuldvergebung bitten und sie unsererseits gewähren und auch noch im schlimmsten Verhängnis auf die Erlösung durch Gott hoffen.

Hingabe, Vertrauen, Hoffnung und Liebe sind die Zeichen echter Frömmigkeit.

7. die Gabe der Gottesfurcht: *Bleib gelassen, weil Gott größer ist als alles!*

Die Angst vor Gott kann keine Gabe des Geistes sein, sondern nur die Gewissheit, dass es einen gibt, dem ich mich anvertrauen kann im Leben und Sterben, weil er unendlich größer und stärker ist als ich. Gott ist nicht groß auf unsere Kosten. Gott braucht nicht unser Kleinsein für seine Größe, wie es unter Menschen so oft der Fall ist. Mit dem Schöpfer ist das Geschöpf erhoben. Je größer wir von Gott denken, desto größer denken wir vom Menschen, weil Gott sich in ihm widerspiegelt. Der Geist soll alle Angst verwandeln in Ehrfurcht, in Staunen, in Freude und Gelassenheit um Gottes willen, der die Liebe ist.

# Quellen

*Gernhardt, Robert,* Abschied, aus: Ders., Welt der Literatur. In: Gesammelte Gedichte 1954–2006, © S. Fischer Verlag GmbH, Frankfurt am Main 2008.

*Hagelstange, Rudolf,* Im Anfang war der Geist, aus: Ders., Es spannt sich der Bogen, © Rupert Verlag, Leipzig 1949.

*Kaschnitz, Marie Luise,* Nicht mutig, aus: Dies., Gesammelte Werke in sieben Bänden, Band 5: Die Gedichte, © Insel Verlag, Frankfurt am Main 1985. Alle Rechte bei und vorbehalten durch Insel Verlag Berlin.

*Knapp, Andreas,* wer bist du, aus: Ders., Brennender als Feuer. Geistliche Gedichte, © Echter Verlag Würzburg, 7. Auflage 2014, S. 8.

*Lüke, Ulrich,* Gott, du gibst das Lebens Brot, aus: Ders., Einladung ins Christentum, © 2009, Kösel-Verlag, München, in der Verlagsgruppe Random House GmbH.

*Meuser, Bernhard,* Mein Himmel, © beim Autor.

# Bildnachweis

*Ciseri, Antonio,* Ecce homo, ca. 1860–1880

*Stirnberg, Bonifatius,* Kreuzigungsgruppe »Henger Herrjotts Fott«, Aachen 1989 © beim Künstler; Foto: Germaine Stirnberg

*Tobolla, Heinz,* Kreuzplastik, Aachen 1968, siehe auch:
https://commons.wikimedia.org/wiki/
File:Heinz_Tobolla_-_Kreuzplastik.JPG